Reflections on Non-Suffrage Democracy

论大国民主

关于非普选民主的几点思考

阮炜◎著

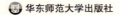

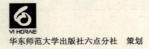

华东师范大学出版社六点分社 策划

Contents 目录

导言：一场史无前例的伟大政治实验
Introduction: An Great Unprecedented Political Experiment

一 非普选民主的含义
Part 1　*The Meaning of Non-Suffrage Democracy*

6 民主的要义是对人民负责
The Essence of Democracy: To be Responsible to the People

9 为什么要推行非普选民主？
Reasons for Promoting Non-Suffrage Democracy

14 不断推进的民主观
The Evolution of the Idea of Democracy in China

19 非普选民主、普选民主都是可能的民主样式
Both Non-Suffrage Democracy and Suffrage Democracy are Democracy

二 国家的至关重要性与非普选民主的优越性
Part 2　*The Utmost Importance of the State and the Superiority of Non-Suffrage Democracy*

25 引言
Foreword

27 国家对于民主的至关重要性
The Utmost Importance of the State to Democracy

32 普选民主的缺陷
The Deficiencies of Suffrage Democracy

39 非普选民主的优越性
The Advantages of Non-Suffrage Democracy

三 因应人民走上前台的时代课题
Part 3 To Respond to the Rise of the People

47　**引言**
Foreword

49　**前现代"民"与现代"人民"**
The Pre-Modern 'Min' and the Modern 'People'

53　**西方普选权的演进**
The Evolution of Suffrage in Western Democracies

58　**人民在现代中国的最终形成**
The Ultimate Rise of the People in Modern China

62　**人民走上前台的理念和社会历史背景**
The Socio-Historical Background to the Rise of the People

65　**工业化是人民走上前台的直接肇因**
The Industrial Revolution is the Immediate Cause for the Rise of the People

四 解决人民难题,克服人民主权悖论
Part 4 To Overcome the 'People Dilemma' and Solve the 'Sovereignty of the People Paradox'

71　**何为人民难题?何为人民主权悖论?**
What is the 'People Dilemma'? What is the 'Sovereignty of the People Paradox'?

74　**一人一票不构成人民主权**
One Person One Vote does not Constitute the Sovereignty of the People

76　**全民公投不构成人民主权**
The Limits of Referendum

79　**简单多数决存在的问题**
The Problems of the Simple Majority Vote

84　**驯化粗陋民主**
Redressing the Simple Majority Vote

87 尊重杰出的个人
To Respect the Opinions of Distinguished Individuals

90 保护少数
To Protect the Minority

五　非普选民主路线图
Part 5　*A Road Map for Non-Suffrage Democracy*

94 缩小财富差距，走向共同富裕
Narrow the Wealth Gap and Prosperity for All

103 去大政府主义，建有限政府
To Eliminate the Big Government

106 小范围、可控的竞争性公选
Limited and Controllable Competitive Elections

114 其他形式的监督制衡
Other Forms of Checks and Balances

六　非普选民主是大国的必然选择
Part 6　*Non-Suffrage Democracy Is the Inevitable Choice of China*

121 何种意义上的大国？
What Kind of Great Power is China?

125 民主对于大国意味着什么？
What Does Non-Suffrage Democracy Mean to China?

128 崛起的大国对于世界意味着什么？
What Does the Rise of China Mean to the World?

130 大国话语权取决于民主
China's Discursive Power Resides in Non-Suffrage Democracy

附识　如何看待福山的思想转变？
Appendix　*A Comment on Francis Fukuyama's Ideological Transformation*

致　谢

在本书写作过程中,笔者和深圳大学管理学院杨龙芳同仁、外语学院王洋同仁进行了多次深入讨论,他们提出的重要意见已纳入本书论证中。这里,笔者谨向他们致以诚挚的谢意。

导言：一场史无前例的伟大政治实验

近年来谈民主者众,进行种种民主选举设计者亦不少,他们都期望用民主来解决中国所面临的一切问题。但他们中大多数人所理解的民主,其实只是西方样式的普选民主,只是人类历史上出现过的诸多民主样式中的一种。在他们看来,但凡不搞政党竞争、全民大选,就不是民主,甚至就是专制极权。很少有人静下心来思考一下:在一个有着近14亿人口的超大国家——一个多民族、多宗教,地区间、城乡间、民族间发展极不平衡,同时又有着根深蒂固统一意识的超大国家,一个仍然活跃着藏独、疆独势力,台湾地区更存在着分离倾向的超大国家——推行现代民主,难道不是一场有史以来规模最大、无现成样板可供模仿的政治实验? 难道不是一场波澜壮阔、史无前例的政治实验,一场如若取得成功,必将深刻改变人类既有民主理念和全球政治格局的伟大政治实验? 不进行这样的思索,而一味推崇西方样式的民主,视之为民主的唯一标杆,这不是懒人庸人的态度,不负责任的态度,是什么?

为什么不可以尝试一种中国共产党长期执政下的、符合中国国情的非普选民主?

考虑到西方民主业已暴露出来的种种弊端,进行这样的实验就更有必要了。一个至为简单的道理是:民主的精髓不在说而在做,不在理论而在实践,而实践就是实验。民主就是摸着石头过河,在一个有着近 14 亿人口的超大国家尤其如此。在人类历史上,但凡引人注目的政治成就,从来就不是事先构想出一套聪明的理论,然后按图索骥式把理论付诸实践而取得的。唐虞时代的禅让民主、古代雅典的直选民主、凉山彝族的直选民主,①②甚至欧美样式的现代议会民

---

① 人类早期历史上氏族形态的民主普遍存在。除了古希腊人(尤其是雅典人)的民主,其他很多民族同样实行氏族民主。亚里士多德《政治学》一书表明,迦太基虽是混和政制,但民主成份相当多,与希腊民主政制大同小异,混合了贵族寡头政体成分的迦太基民主甚至比雅典民主更为优越。人类学家摩尔根同样把雅典民主与易洛魁人、阿兹台克人等的民主放在一起考察,把它们一并归入氏族民主的范畴。唐虞时期以至春秋时代,华夏民族也实行过与雅典民主相似或至少可比的制度,即"禅让"。1960 年代以前凉山彝族的民主更与雅典民主几乎一模一样。西方学者的研究表明,就连在通常认为高度专制的古代两河流域,早在古希腊之前上千年便实行了集体治理意义上的氏族民主。参 Daniel E. Fleming, *Democracy's Ancient Ancestors: Mari and Early Collective Governance*, Cambridge: Cambridge University Press, 2004, 全书各处。也参阮炜,《不自由的希腊民主》,上海三联书店 2009,第 4 章。

② 参李绍明,《凉山彝族奴隶制》,《中国大百科全书·民族》,北京·上海:中国大百科全书出版社 1986 年版,第 248 页;吴恒,《凉山彝族家支制度》,《中国大百科全书·民族》,第 246 页;也参阮炜,《不自由的希腊民主》,上海:上海三联书店 2009,页 110—12。

主,都是一些聪明人按照一个伟大理念事先设计出来,然后照章实施的吗?当然不是。恰恰相反,这些民主样式都是问题倒逼出来的。甚至 δεμοκρατία——古希腊的"民主"——一词也是经历了漫长的氏族民主实践之后,从氏族民主向激进直接民主过渡时发明出来的,①其确切含义是中下层民众当家作主,不同于先前主要由长老、精英们集体决定军政大事的传统氏族民主。同样,十八届三中全会后的新政实施以来,历史上规模最大力度最大的反腐运动、拟议中的领导干部财产登记和申报及公开、对领导干部进行公开考评、公共信息透明、政务信息公开、党内问责、行政问责、群众测评等等并非见于通行的政治学教科书,与热热闹闹的多党竞争和全民大选不大相同,但确然是一个规模超大、国情超复杂的国家为了解决急剧发展所带来的大量治理问题而不得不采用的权力制衡方式。

或有人认为,这不是民主(即不是西方样式的"正宗"民主)。但只要不为成见所障,为偏见所蔽,承认民主的要义在于对人民负责,在于良治,便不难发现上述权力制衡方式实际上都属于非普选意义上的民主,或者一种兼具形式和实质的中国式民主。它是一种植根于中国国情和中国制度的民主,在人类历史上前所未有的。它仍远不完美,亟待改进,也因此引起了不小的争议。这并不奇怪,但中国作为一个对人

---

① 阮炜,《不自由的希腊民主》,70—120页。

类负有使命的大国,不可能因为存在争议,甚至是激烈的争议,便不继续推进适合其特殊国情的民主政治实验了。今天,是否应该推进民主很大程度上已经不是问题,十八届三中会所提出的"用制度管权管事管人,让人民监督权力,让权力在阳光下运行","把权力关进制度的笼子里",①便是明证。但是,应推进何种样式的民主,以及如何推进民主,却仍是有待回答的问题。

当然,书斋里的民主论证,一次演讲、一篇文章或一本小书,不可能一劳永逸地解决所有难题。论者所能做的,只是对已然发生或正在发生的情形作一些描述、分析和总结,提出一些谦卑的建议,以期对一个已持续了一百多年的伟大进程有所推动。

---

① 《中国共产党十八届三中全会全面深化改革决定》,十,"强化权力运行制约和监督体系"。

一　非普选民主的含义

民主就是一人一票、全民大选,就是政党轮替、三权分立、弹劾总统,甚至就是自由地罢工罢课、上街游行、抗议示威吗?当然不是。西方式普选民主是普世价值,放之四海而皆准吗?当然不是。只有西方样式的普选民主,才是解决中国现代化进程中治理难题的唯一途径吗?当然不是。有这么一个事实,很多人不乐意承认,但它依然是事实,一个并非总是让人愉快的事实:西方式普选民主其实只不过是民主的一种形态,很可能还存在着其他形态的民主。例如,一种实行小范围、可控的竞争性公选,从而能够充分保证执政者决策能力、决策质量、执行能力和政策连续性的一党制民主。其实,这种换人不换党的民主已不只是一种理论构想,而在很大程度上已成为现实,当今中国就实行的这种民主(几十年来瑞典和日本所实行的,也大体是事实上的一党制民主)。

毋庸讳言，目前我国的民主远不完美，甚至有大量的问题。尽管如此，这种以中国共产党领导为根本内涵的政治制度是史无前例的，其高效率是不容否认的，其所取得的成绩是有目共睹的，为全世界所承认的。

民主的要义是对人民负责

首先应看到并承认，的确存在着一种中国样式的民主，一种中国共产党领导下的充分考虑这个超大国家地区间、城乡间、民族间发展极不平衡之复杂国情的民主；一种在中国共产党领导下，充分考虑到行业间、阶层间的结构性矛盾极难解决，既得利益尤其是国企改制过程中形成的既得利益极难撼动的民主。这种民主仍存在很多问题，亟待解决，必须不断向前推进，必须不断完善，而要在既有国情下推进和完善这种民主，就应推行一种小范围可控的竞争性公选。唯其如此，才能解决官员升降唯上不唯下这一结构性问题。它虽不搞普选，却应是一种既实行贤能政治，又能保障普通党员和公民的政治权利，从而可望避免西方式民主无谓党争、讨好选民、拉票买票和黑金政治等弊端的民主，一种与时俱进，不断创新，敞开胸怀向其他民主样式学习，充分汲取其教训、吸纳其长处的一党执政下的人民民主。

这种民主不仅要推行中共长期执政下的竞争性公选，言论开放下的舆论制衡同样是题中应有之义，领导干部财产登记和申报、政务信息公开、党内和行政问责等"基层民主"操作方式,以及诸多其他旨在加强对公权力监督制约的制度革新都是其有机组成部分。只要坚守民主理念本身,而非拘泥于民主所可能呈现的具体形式,便不难发现,以上勾勒出来的手段或方法本质上仍然是民主,若操作得当,很可能成为一种比既有民主样式更为有效的民主样式。世界银行前驻华代表皮特·鲍泰利教授就说,"多党制并非民主的精髓,民主的要义是能够对人民负责"。他相信,在中国式一党执政的条件下,中国共产党具有很强的决策能力和执行能力,而在西方式的多党制下,政党的主要目的只是击败竞争对手,或如何赢得下一届选举的胜利,而不是真正领导国家,真正服务于社会。基于这种认识,鲍泰利断言,中国很有可能成为"有史以来第一个通过一党制来实现民主的国家"。①

作为一种政治理念(而非议会制下政党竞争之政治操作)的民主并不是西方启蒙运动和理念的产物,更不是西方人的专利,而是从古到今一直就存在着的普遍的人类现象,而现代民主与现代法治和自由理念一样,都是人类共同创造的文明成果,都是人类共同追求的价值观。如果民主本身不对,那么中国共产党乃至整个中华民族为之奋斗了一百多年的事业,还有什么意义?因此,推进和完善中国样式的民主

---

① "《21世纪》记者对皮特·鲍泰利的采访:中国将证明一党制与民主并不冲突"(采访时间为2013年6月25日),载《观察者网》2013年12月12日头条。

不仅是可能的,更是当今中国人的责任。西方式一人一票、普选直选民主固然不适合中国国情,但任免官员的关键权力局限在一个太小范围同样不合时宜。当今中国最大的问题即权力寻租、吏治腐败,即源于斯。为什么不能尝试一下由一定数量的党代表、人大代表、在职干部、退休干部、普通党员、普通公民充当"选举人",由他们公开、公正、透明地推选官员呢?非普选民主的本质诉求在于:在中国共产党的领导下,进行一种小范围、可控的竞争性选举而非全民大选,公开透明、公平公正地推选党政领导人,在此过程中稳步而有序地扩大政治参与,不断创新并完善监督制约公权力的机制,从而迈向更高水平的公平正义,实现更为有效的国家治理。

在中国共产党领导下,经过几代人的努力,我国民主已有了很大的推进。尽管如此,一百多年来中华民族所向往、所憧憬、所为之奋斗的,却是一种更高意义上的民主,而这种民主目前仍只是一个愿景,否则执政党就没有必要反复强调"推进民主政治建设","扩大人民有序政治参与"了,[1]就没有必要不断重申"让人民监督权力,让权力在阳光下运行","把权力关进制度的笼子里"[2]。具体说来,这里所谓更高意义上的民主应是一种既有普通党员和公民相当程度的政治参与,又能取得精英与群众之间力量平衡,各权力部门充分

---

[1] 参胡锦涛在庆祝中国共产党成立90周年大会的讲话。
[2] 《中国共产党十八届三中全会全面深化改革决定》,十,"强化权力运行制约和监督体系"。

协作、唯效率是求的善治①民主；一种既能适当集中权力，合理分配和使用权力以提升国家能力，又能有效监督制约权力，抑制贪腐，缩小财富差距，维护人民利益尤其是其长远利益的高效、正义的民主。它也应该是一种能集中力量办大事，持续不断发展经济，提高国力，赢得国际尊重的大国民主。中国共产党执政下的非普选民主最终就应是这样的民主。

为什么要推行非普选民主？

以上论述只是非普选民主的一个总括性描述，而不是为什么要搞这种民主的理由。为何当今中国应推行非普选民主，并非不言自明。

首先得问的一个问题是，为什么在当前的国情下应推进广义上的民主或民主本身？回顾历史，不难发现在反抗侵略和实现现代化的巨大压力下，在西方民主话语的强烈影响下，清末以来我国历史进程一直处在一种集中政治权力以提

---

① 无论是古往今来何种民主，也无论我国当前乃至未来将实行何种样式的民主，都不应把民主绝对化、神圣化，而应以良好的治理或良治、善治为根本追求目标。这也就是为什么托克维尔在盛赞19世纪英国和美国民主实践的同时，赞叹两国政府权力的集中程度大大超过君主制时代。如果政府不能适当集中权力并合理地行使权力，连起码的公共秩序都不能保证，民主了又咋的？在托克维尔看来，良好的政府是公共利益的有效表达，是善治；不良政府不仅不表达公共利益，反而危害公共利益。

升国家能力与对民众政治赋权以实现民主的二重变奏之中，这一进程至今也远未结束。可以说，1911年至1949年间的群雄逐鹿中，为了在一个超大国家重建政治权威，实现国家统一、民族富强，时代的主旋律是集中政治权力。这不仅对于共产党来说如此，对袁世凯政权和国民党来说同样如此，而对民众的政治赋权虽然也提上了议事日程，却明显处于次要地位；1949年至1979年，国家统一虽已实现，但因敌对势力的经济封锁和军事威胁，也出于在极短时间内实现工业化之紧迫需要，时代的主旋律仍然是集中政治权力，政治赋权仍然处于次要地位，期间甚至发生了反右、大跃进和文革，政治赋权进程明显倒退了；十一届三中全会以后，一个政治宽松化、初步法治化和广义民主化（这里所谓"广义民主"与普选民主甚至本文所谓非普选民主等狭义上的民主相对）的进程启动了，时代的主旋律开始从政治权力集中向政治赋权倾斜。正是在这一过程中，民众开始享有前所未有的方方面面的权利和自由，出现了长达三十几年的政治稳定、社会基本安定的局面。也正是在此过程中，我国经济腾飞，国力急剧提升，成为世界大国。

事实上，经过一百多年的现代化运动，我国目前已基本上实现了工业化，城市化进程明显加快，教育普及，在这种情况下普通党员和公民的权利意识和民主诉求大为高涨，加强法治建设同时从形式上扩大政治参与（而非仅仅满足于政治宽松化和广义民主化）被提上了议事日程。为什么应扩大政治参与呢？巨大经济成就不是在政治参与明显不如西方国家,甚至不如大多数新兴国家的情况下取得的吗？这正是某些论者的观点。对这种看法的回答是,当代中国所取得的经济成就虽离不开"前三十年"打下的基础,却主要是在"后三十年"取得的,而"后三十年"恰恰是一个政治宽松化、初步法治化和广义民主化的时代。

十一届三中全会后,民众开始前所未有地享有种种重要权利和自由,也前所未有地表达着自己的意志。中共十八大后,这一进程更将得到进一步推进,他们再也不可能像从前那样被动沉默,其利益诉需要得到比先前有效得多、即时得多的表达。他们不仅已具有表达其意愿的意志和能力,更已在很大程度上拥有表达的渠道和资源。故而有学者指出:"今天的民众不再以卡理斯玛权威的追随者角色出现,而是在执政党认可的公民权利、法律面前人人平等的法理权威基础上发声,挑战着卡理斯玛权威及其官僚体制的合法性基础,推动着执政党由表及实地走向法理权威……各种社会矛盾如社会不平等、维稳中民众与官僚体制的冲突随着经济发展而凸显出来,以国家政策和官僚体制为主体的资源分配机制成为人们关注的焦点,引发了对国家支配方式和官僚体制权力的种种质疑和抗争。"[①]

---

① 周雪光,《国家治理逻辑与中国官僚体制:一个韦伯理论视角》,载《开放时代》2013年第3期,页23。

在这种情势下,我们终于认识到民主可能不是人类文明的终极目标,却定然是适合工业化、城市化、教育普及、全球化和信息化故而民众权利意识高涨状况的政治理念和生活方式。也正是在这种情势下,中国社会达成了推进民主的共识,"让人民监督权力,让权力在阳光下运行","把权力关进制度的笼子里"云云甚至被写进了中共十八大报告。

回答了为什么必须继续推进民主本身或广义上的民主,接下来的一个问题是:为什么应该推行非普选民主而非西方样式的普选民主?

作为一个有着超大规模的国家,我国有着无与伦比的大一统格局,政治统一已然是刻写在民族基因里的全民共识,更有已运行了大半个世纪的党政一体体制,而推行多党竞争、全民大选式的民主,同时又得兼顾政治社会安定、国家统一,操作难度之大,没有任何一个国家可比,也没有任何先例可循。① 同样重要的是,中国共产党有着历史所赋予的执政合法性和权威,正是在中国共产党的领导下,中国在半个世纪里从贫穷落后、备受欺凌的弱国走向文明复兴,一跃再次成为世界强国,而在极复杂的国情下进行政治改革,如果一下子放开,搞多党竞争、全民大选式的民主,显然很难有效维

---

① 此处参阅了郑酋午,《欧美和中国分别需要什么样的改革》,载《改革内参》(中国经济体制改革杂志社)2011 年第 43 期,页 45。

护中共的执政权威,显然很难有效保证政治稳定、社会秩序和经济繁荣。① 所以唯一可行的办法是,执政党领导下的小范围可控的竞性公选、言论开放下的舆论制衡,以及领导干部财产登记并公开、政务信息公开、行政问责、群众测评等所谓"基层民主",亦即实行一种半威权主义的非普选民主。

除了超大国家规模、历史沿革和维护中共执政地位等显而易见的考虑,几十年来非洲和南亚诸多国家以及2011年春以来阿拉伯诸国乱局也表明,在经济发展尚欠火候,国家建设尚未完成,社会共识尚未形成的情况下匆匆实行西方式的一人一票、全民大选、政党竞争的民主,极可能使国家得不到稳定、经济得不到发展、社会得不到安定,人民不能安居乐

---

① 应特别注意的是,中国共产党并不排斥普选,这从它支持香港进行一种稳健、可控的全民大选一事上便可见一斑。这里,所谓"稳健、可控的大选",主要是指由一个得到中央认可的1200人的提名委员会提名二至三名行政长官候选人,每名候选人应获得提名委员会半数以上委员的支持(最后的胜选者当然得由中央任命)。这种安排是合情合理的,因为候选人人数规定为二至三名,不仅可以确保选举有真正的竞争,也可以避免因候选人过多而造成选举程序复杂、选举成本高昂等问题,而香港回归以来举行的历次行政长官选举,几乎都是在二至三名候选人之间进行的。然而,由于种种复杂的原因,香港仍然发生了"占中"事件。"占中"方面认为,行政长官提名权不应由提名委员会掌控,而应对社会开放;唯其如此,方有"真民主"。如所周知,最后不仅"占中"者以失败告终,而且西方大国对事件统统持中立态度,与先前一贯指责中国"专制极权"、"反民主"的做法形成了鲜明的对比。撒切尔夫人前私人秘书、现任英国议会上院议员查尔斯·鲍威尔认为香港抗议者"不切实际",建议香港年轻人"最大限度地利用"其已经享有的"广泛的自由和自治权",甚至说"香港已经拥有广泛的自治权,自治程度远超出当年我们(英方)和中方就香港问题开展谈判时的预期。"参《参考消息网》2014年10月8日。

业,从而造成严重的治理问题,甚至可能导致严重的政治、经济和社会动乱。事实上,在许多实行西方式民主的第三世界国家,选举作弊、官员腐败、族群分裂、经济停滞、政变不断、军事干政早已是见怪不怪,国际媒体也早已对此产生审美疲劳,不多作报导了。不仅移植到非洲、南亚、西亚的西方式民主出现了严重弊端,一人一票、政党竞争式的民主就其本身而言也有政党恶斗、讨好选民、拉票买票、金钱操控等殊难克服的弊端。

推行非普选民主还有另一个极重要的理由。1979年以前我国取得初步的工业化成就,1979年以后我国的经济腾飞、社会进步和政治环境之宽松化和广义民主化,人大、政协和党代表大会等民主性组织形式之初具规模,各级权位终身制之根本废除,各级领导职位之实现和平更替,各级领导职位年限之得到制度性限定……凡此种种,都说明中国一直处在民主化的进程之中,中国的民主一直在稳步向前推进。很清楚,当今中国已经为一种更高层次的民主打下了一个坚实基础,而正是这使充分程序和制度意义上的非普选民主成为可能。

不断推进的民主观

应当看到,一百多年来,中华民族一直在推进对于民主的认识,近年来甚至已开始形成大体上独立于西方的民主话语。同样值得注意的是,由于改革开放带来的宽松氛围和认识进步,一度被意识形态化的民主政治话语近年来在知识界已一定程度去意识形态化,相异甚至相反的观点不再像从前那样彼此之间形同水火、绝对排斥,而在一定程度上已能做到相互包容,此即所谓"我活你也活"。无论持什么样的民主观,我们已大体形成这种共识:一切手握权力者都容易滥用权力。[1] 很多中国人甚至已认识到,民主虽能对治滥用权力之顽疾,却并非必然是西方式的三权分立、议会混战、政党恶斗、拉票买票,并非必然是热热闹闹、轰轰烈烈的全民大选,或各级议会选举和行政首脑直选。民主的本质在于对人民负责,在于发展出一套符合国情的约束公权力的有效机制。其最终目的在于善治,而非把既有民主的外在形貌依样画葫芦地照搬过来。这就是推行中国式非普选民主的根本理由。

曾几何时,我们还对民主和自由不加区分,总是把民主自由相提并论,以为民主与自由总是肩并肩、手拉手,有民主必有自由,反之亦然。但现在我们认识到,事实并非如此。[2] 实践也表明,民主有一个适用范围,应当限制在民众利益的

---

[1] 孟德斯鸠说:"一切有权力的人都容易滥用权力,这是万古不易的一条经验"。《论法的精神》(张雁深译,上下册),北京:商务印书馆1993,上册,页154。

[2] 斯科特·戈登,《控制国家:古雅典至今的宪政史》(应奇等译),南京:江苏人民出版社2008,页94;也参阮炜,《不自由的希腊民主》,全书各处。

表达以及人民代表、行政领导人的产生机制方面。民主虽可延伸到社会生活的某些层面,但不应无限制地扩大到经济生活、行政管理,以及军事、外交等方方面面。尤其重要的是,民主不等于分散削弱国家权力,而恰恰相反,应起到强化国家权威,提高国家能力的作用。我们也看到,健康、良性的民主无不依赖强大的国家。中国固然不可能也不应该照搬欧美样式的民主,但即便这种有缺陷的民主也建基在高效能的国家之上。进入高福利社会以后,欧美各国民主制的深层次问题虽浮出水面,但至少在此前一百来年里,它们正因为扩大了公民政治参与,同时又开出种种约束公权力的机制而明显提高了国家效能。事实上,建基于法律、法规和法则的国家权力对于任何时代、任何政体来说都是必要的。没有起码的国家权力,不仅没有决策效率可言,甚至没法有效地提供国家安全与政治、经济和社会管理等基本公共必须品,在实施赶超战略的工业化时代尤其如此。从发达国家的情况来看,19世纪的美国、英国、法国、意大利、德国等国都在推进民主的同时大大加强了国家能力,甚至撒切尔时代的英国也是政府集中权力进行有效治理的最新事例。总之,既有民主样式即便有严重缺陷,在一定条件下也确然能使国家权威受到应有的尊重,从而能更有效地集中权力,提升国家能力。

但同样清楚的是,过度的权力集中,尤其是法治不健全、经济快速发展、贫富急剧分化之转型时代的过度权力集中,必然有利于既得利益集团继续用权力寻租,以特权致富,而不愿甚至阻扰政治改革。这势必给民众本已高涨的不满情绪火上浇油,在全球化和信息化时代公民的平等诉求、自由诉求和公正诉求日趋强烈的情形下,甚至可能使社会和国家陷入动荡和动乱的境地。换言之,如果经济改革已使我国国力大增,民众权利意识高涨,政治改革却依然停滞不前,公民参政依然停留在低水平,过于强势的公权力受不到应有的制衡,行政审批依然过多,行政管制依然过于严苛,对经济、教育和文化的行政干预依然过多,对社会事务依然大包大揽,官员手中依然握有不受节制的自由裁量权,国家就势必成为"利维坦"怪兽,这必将对国家民族造成巨大危害,不仅将保不住几十年来经济社会发展成果,甚至可能出现政治和社会危机,执政党的执政地位也将受到严重威胁。这就是执政党和政府当前正积极推行"简政放权"、号召有关方面晒"权力清单"的根本原因。

无论怎么强调也不过分的是,中国共产党的执政地位是历史和人民赋予的。近百年来中国之所以能够推翻"三座大山",不断发展,实现文明复兴,成为全球大国,中国共产党的领导至为关键;晚清以来倍受屈辱的贫弱中国今天之所以能够自立于民族之林,崛起成为一个世界强国,中国共产党的领导至为关键。尽管如此,在权利意识高涨,工业化、城市化、教育普及、国际化、信息化的当今时代,中国共产党也应与时俱进,积极推进中国式民主,使更多普通党员和普通公民深入参与到国家政治生活中来,使公权力得到更为有效的监督和制约。惟其如此,尖锐的社会矛盾才可能切实得到缓和。唯其如此,社会公正才能得到切实的保证,真正的善治才可望实现。唯其如此,中共才可能长久保持执政地位。然而,当前的实际情况是,我国公权力尚未得到有效制约,以至贪腐猖獗,几成顽疾。之所以如此,根本原因在于选拔、任免各级党政领导人的关键权力仍局限在一个太小范围,许多掌握关键权力的官员很难说是向广大党员和公民负责,所任用官员也很难说全一心为党,廉洁奉公。正因此故,推进民主成为当务之急,推行非普选民主应提上议事日程。

也应看到,三十几年来年均9.5%的经济增长虽已使中国变成一个中等收入国家,但快速增长所产生的制度漏洞不仅造成了严重的贫富差距,更养成了一种拥抱资本、疏远劳动的社会风气。在这种形势下,若继续只提当年邓小平"让一部分人先富起来"的口号,不顾其"共同富裕"的呼吁,将有百害而无一益。事实上今日中国社会的结构性矛盾早已不是效率与公平的矛盾,而是效率与不公的矛盾,产业转型升级、劳动生产率进一步提高所亟需的提升消费、扩大市场与分配不公、贫富悬殊所导致的内需不振、消费市场难以扩大之间的矛盾。在当前乃至未来一段时间,推进民主很大程度就是缩小财富差距,实现共同富裕。

非普选民主、普选民主都是可能的民主样式

十分清楚的是,非普选民主并不是从书生头脑里产生的一个伟大发明,而是基于对现实的观察、分析和总结而得出的一种看法或观察。需要特别强调的是,这种民主虽不认同西方式的民主,却决不是对民主理念本身的否定。恰恰相反,非普选民主深深植根于已有的民主理念,是民主本身在特殊历史时期和特殊国情下的呈现或者表达。事实上,普选作为诸多可能的民主样式之一,既不是民主的终极目的和尺度,也不是民主的唯一操作方式,更不是实现富强的唯一途径,而是一种有较多政治参与、对公权力制约较为有效的治理样式。历史告诉我们,欧美各国和日韩无不在普选之前便已富强,新加坡和香港同样未搞普选便已高度繁荣,甚至可以说已实现了某种意义的善治。暂不论普选民主的缺陷(详第二章),其与一个国家的繁荣富强并没有什么内在关联。但正如普选民主是一种可能的民主样式那样,非普选民主也是一种有较大程度政治参与、对公权力制约较为有效的民主样式。

从古到今,人类经历了不知多少样式的民主,从氏族议事会式的集体治理、雅典全民公投式的直接民主到近代以来的议会式间接民主,从国家层面的首脑大选、公投民主到社区或乡镇层面的直接民主,从英美式的两党制民主、法德意

式的多党制民主、瑞典和日本式的一党制民主(从理论上讲这两国虽实行多党制,但几十年来大体上是一党执政,即事实上的一党制),再到中国式的"基层民主",不一而足,但大体上讲,人们不会否认这些治理形式都是民主。换句话说,不能因为此民主样式不同于彼民主样式,便否认它是民主。不仅不同民族在不同历史时期会有不同的民主形式,即便同一个民族也会因不同需要而发展出不同的民主形式,例如美国和瑞士不仅在国家层面实行议会式间接民主,而且在社区或乡镇层面也在重大事务上以直接民主的方式来做出决定。国内外经验告诉我们,在现代条件下,通过政治参与来节制公权力意义上的民主固已成为一种为大多数人所认同的价值观,是大势所趋、历史必然,但具体操作方式却因人因时因地而异,各国应根据其具体的经济社会发展水平,摸索出适合自己具体国情的道路来。事实上,不仅西方民主与非西方国家民主之间存在不小的差异,而且各西方国家之间以及各新兴国家的民主之间也有很大的不同。正因为如此,各国才发展了适合具体国情的民主样式和相应制度安排,想照搬也做不到;即使照搬过来了,也难免橘生淮北。某个邻国几乎一字不差拷贝了美国宪法,实行看上去几与美国一模一样的民主,但几十年下来这种民主已沦为一种一大选便大开杀戒的杀人民主,一种从一般官员到总统几乎无人不贪的贪腐民主,难免成为世界的笑柄。

推进民主固然应考虑国情,在当前情势下更应考虑实行一种基于国情的非普选民主,但正如仁义礼智信、自由、法治具有普遍意义而非中国或西方所独有的那样,民主也是人类的普遍价值,决非西方所独有。事实上,与仁义礼智信一样,科学、民主、自由、法治是人类在漫长历史过程中所共同创造的文明成果,是人类共同追求的价值观。① 这就是为什么《中华人民共和国宪法》第三十五条规定:"中华人民共和国公民有言论、出版、集会、结社、游行、示威的自由"。对此,执政党有着非常清楚的认识。执政党同样清楚地意识到,我国在保障宪法赋予人民的基本权利方面做得还很不够,所以执政党中央一再敦促各级党组织和政府要充分保障人民的"知情权、表达权、参与权、监督权"。② 民主固然应保证国家安全、社会稳定和经济发展,也应保证决策和执政的效率和质量,但公民享有宪法所赋予的基本权利也是题中应有之义。好在中国社会大体上已经有了一种共识,即在工业化、城市化、富裕化、信息化条件下,民众不可能仍像从前那样沉默被动,其利益诉求应得到比从前有效得多、及时得多的表达;民众不仅已具有表达其利益的意志和能力,也拥有表达的渠道和资源。民主或许不是人类的终极目的,却定然是适合工业化、城市化、富裕化、交通便捷、信息通畅、权利意识高涨条件下的政治理念和生活样式。所以,在当今中国,问题已不是

---

① 温家宝,《关于社会主义初级阶段的历史任务和我国对外政策的几个问题》,载《中国共产党新闻》网 2007 年 7 月 19 日。
② 胡锦涛在中国共产党第十七次代表大会上的报告。

要不要民主,而是要什么样的民主,或者说以何种速度、何种方式推进中国式民主。

推进中国样式的民主,就是要扩大选官队伍,切切实实让更多普通党员、公民和干部参与到选拔党政领导人以及党代表、人民代表的活动中来,参与到更广泛的政治生活中来,在现有国情下这意味着应以推行小范围竞争性公选的方式来提高参政水平,来制约公权力。但这并不是推进民主的唯一途径。也应利用既有的制度平台,如各级人大、政协和党代表大会等等,无论此类机制目前还多么不完善。除竞争性公选以外,还应有其他监督和制约措施,如各种形式的社会舆论、领导干部财产申报及公开、对领导干部进行公开考评、政务信息公开、公共信息透明、人民代表质询、纪检信息公开、党内问责、行政问责、群众测评、干部情况公示等,即所谓"基层民主"的种种操作方式。最终说来,竞争性公选只有同其他民主制衡措施紧密结合起来,才能真正实现,才能获得实质意义。也只有在摸索出一套切实可行即能够有效制约公权力的方法并将之制度化以后,才谈得上中国式的民主政治和民主话语。若以是否实行普选为尺度,以上政治样式很可能并不被视为民主,至少不被视为严格形式意义上的民主,但它们属于实质意义上的民主无疑,属于民主本身无疑。

中国式非普选民主即以善治为根本目的、以小范围竞争性公选为操作方式的民主,并不是要全盘否定已有民主实践,更不是要否定民主理念本身,而是要充分汲取已有民主实践的经验教训,取其精华,去其糟粕,所以是对既有民主样式的扬弃和超越,对民主本身的深化和发展,是民主理念在中国国情下的具体呈现和发扬光大。若操作得当,不仅可望走出一条新的民主道路来,更可能对民主理念本身产生冲击,从而改变全人类的民主观。事实上,早在20世纪初中国人便欣然接受了现代民主理念。当时流行的社会达尔文主义加速了思想转变:源自西方的新理念既然是"进化"的产物、优胜劣汰的结果,不采纳这些理念,不就只有开除"球籍"的份儿?于是,不仅民主共和以眼花瞭乱的速度一跃而成为主流思维,我们甚至建立了亚洲第一个共和国。就连袁世凯以国情特殊、民智未开为由企图恢复帝制,也拟定了君主立宪性的《新皇室规范》,以法令的形式规定"亲王、郡王……不得组织政党,并担任重要政治官员;永废太监制度;永废宫女采选制度;永废各方进呈贡品制度;凡皇室亲属不得经营商业,与庶民争利。"①这也是为什么在"洪宪复辟"失败以后一百年多的历史上,国共两党都不断推动各自的民主制度建设,都各自取得了不菲的成绩,而其中意义最深远者,莫过于两岸都实现了最高权力的和平更替,都杜绝了各级权位的终身制。无论在大陆还是在台湾,君主制下政治权力世代相袭的观念已被彻底摧毁,君主制一去不复返了。如果采

---

① 参刘成禺,《洪宪纪事诗本薄注》,载《袁世凯》,《维基百科》2011年10月30日。

用普选这一标杆,这可能不被视为形式意义上的民主,却定然是实质民主,是民主本身。

在过去一百年里,无数中国人为民主理想与现实之间的巨大差距感到困惑、沮丧。但只要承认,现代条件下的可持续民主必须以稳定的社会、强大的国家和较高的经济社会发展水平为前提,只要承认民主的根本目的不在实现某种政治样式而在善治,即基于尊重公意、约束公权力、政治参与、高质高效决策的国家治理,只要不拘泥于西方样式的多党竞争、三权分立、全民大选等外在形式,便不难发现,那种认为民主跟中国人无缘,专制极权才是中国人宿命的看法,是根本站不住脚的。一百多年来中国人的民主追求决非徒劳无功,期间虽经历过很多挫折,走了不少弯路,中国式民主却一直在或快或慢地向前推进,而十八大三中会以后更将加快步伐。前路漫漫,好事多磨,事实将证明中国式民主的前景是光明的,而在特殊国情下要实现大家的民主愿景,只有通过非普选民主,舍此别无他法。

二 国家的至关重要性与非普选民主的优越性

引 言

在当前形势下讨论政改而不谈民主与国家的关系,是不全面的。一般关注并向往民主的人们有一个天大的误区,那就是,严重低估了国家对于民主政治的至关重要性,或对之视而不见,甚至认为凡强化国家管理乃至国家总体能力之举,都是不民主甚至反民主。但一个至为简单的道理是:没有政府权力基于法制的适当集中和合理使用,就不能有效地提供社会正义、国家安全、公共服务与安全等公共产品,最终就不可能有善治意义上的民主。这一点业已为大量事实所证明。欧美大国如英国、美国、法国、德国等,无一没有经历过一个民主化的同时又适当集中权力、强化国家的过程,一个赋权和集权同时进行的过程(详上),甚至可以说在民主化如火如荼的 19 至 20 世纪,其政府权力不仅丝毫未见削弱,反而得到了加强。事实上,在高福利社会尚未使西方民主堕落之前,即使搞的是普选民主,也能集中政府权力、提升国家能力,二者可以同步进行,是一个硬币的两面。东亚国家如日本、韩国的民主化现代化历程同样说明了这一点。这种现象不仅被考察 19 世纪美国和英国民主的托克维尔注意到,也为法国、德国、意大利等国的历史进程所证明。另一方面,但凡没能建设好国家并强化国家却东施效颦照搬西方民主的国家,不仅其"民主"质量大打折扣(甚至不被视为民主),而且经济发展情况一直不佳,社会总是处于失治失范状态。很明显,国家是民主的前提,政府权力的适当集中更是善治的关键;国家固然是恶,却是一种必不可少的恶。

如我们周知,既有的民主样式并非完美,甚至有明显缺陷。从西方各国民主演进的情形来看,普选民主在其实行的前一百多年(不妨以 1832 年英国"改革法案"的通过为起始点)的历史上逐步提高了公民参政水平,直至 1940 年代最终实现普选(详第三章"因应人民走上前台的时代课题"第三节"西方普选权的演进")。在此过程中,欧美在民主化的同时不仅扩大了公民政治参与,而且因集中政治权力而实现了某种程度的善治。然而此后,尤其是 1960 年代欧美经济从二战中恢复以后,在普遍实行高福利的情势下,基于政党竞争和全民大选的民主的内在缺陷逐渐显现,2008 年金融危机爆发后更暴露无遗。及至此时,三权互制、政党竞争式的民主已成为国家的绊脚石,再也不能像一百年前那样有效地集中权力,加强国家,而是在不断掣肘和削弱国家。不进行彻底的政治改革,西方是没有出路的。

相比之下,中国样式的非普选民主因不搞普选,而实行各种形式的"基层民主"和小范围可控的竞争性公选(详第五章),就可望在对公权力进行有效监督和节制的同时,保证政府权力的适当集中。换句话说,非普选民主是一种既能扩大政治参与,又能确保适度中央集权和强大国家能力的民主。很明显,对于一个有着近 14 亿人口的多民族、多宗教,而且地区间、城乡间、民族间发展极不平衡的超大国家来说,搞一言堂是没有出路的,而没有适度的中央集权却同样是万万不行的。确保适度的中央集权和强大的国家能力,其至关重要性再怎么强调也不过分。若能适时启动小范围可控的竞争性公选实验并最终取得成功,中国样式的非普选民主完全可能深刻改变人类既有民主理念和全球政治格局。

国家对于民主的至关重要性

无论古往今来何种民主,也无论中国将来实行何种样式的民主,只要不被绝对化、神圣化,民主都应该以善治为根本目的。这就是为什么托克维尔在盛赞英美民主的同时,也赞叹两国政府的权力集中程度大大超过先前时代。如果政府不能适当集中权力、行使权力,连起码的公共秩序也不能保证,民主了又如何？在托克维尔的思路中,良好的政府是公共利益的有效表达;不良政府不仅不表达公共利益,反而危害公共利益。

从欧美各国情况来看,民主无不以高效能的国家为前提。美、英、法、德等强国的民主无一不建立在强大国家能力之基础上,无一不是因为公民参政以及各种形式的权力制约而大大提高了国家的效能。尤其应当注意的是,欧美各国在尚未实行全民普选之前,即 1850 至 1939 年之间,大体上便已经实现了善治,获得了相对于非西方国家来说强大得多的国家能力。这就意味着,在很大程度上,普选是善治和强大国家能力的结果,而非原因;尊重和保护人民的政治权利固然至关重要,但是普选与善治之间却并无必然的联系。

然而,在对内推行全民普选和对外确立全球霸权的过程中,欧美政客和舆论界并不关注非西方世界国家建设的重要性,不仅片面地把西方式民主神圣化、意识形态化,还把这种民主样式当作普世价值到处推销。很多西方人有意识无意识地假定,民主或基于多党制的普选民主,是他们取得治理成就的原因而非结果,这样就难免成为话语的俘虏,观念的奴隶,尽管唯我独尊的心态也在起作用。在这种情况下,西方民主话语迅速膨胀,在军事和经济霸权的挟裹下,对非西方国家产生了巨大压力。落后和弱小国家抵抗力差,很快被忽悠进去。它们未能认识到,国家尚未成形,是玩不转西方式民主的;有国家而无民主,或民主程度还不够高,尚能稳定社会,发展经济,最后再实现民主;有"民主"而无国家,则必然动乱不已,灾难不断。西方民主崇拜者最不愿正视的一个事实是:非洲国家搞西式民主者众,能正常运转者却几近于无。国家尚未成型,国家意识和国家传统仍极薄弱,便"民主"了,结果可想而知。身体极度虚弱,却囫囵吞下一大堆难以消受的黄油、干酪和牛肉,哪有不胃绞痛,不上吐下泻上的道理? 民主在非洲水土不服,西方负有很大的责任。

在1960年代的去殖民化运动中,撒哈拉以南非洲各国实现了民族自决,其中相当多国家走上了西方式民主的道路。几十年后回头看,非洲的民主是不成功的。根本原因在于,各国虽然独立了,根深蒂固的部族主义却并没有因去殖民化而被削弱,大多数非洲人在观念上仍然是部族成员,对部族的效忠远大于对国家的忠诚。既然部族主义依然盛行,要形成共同的国民文化和民族心理结构,谈何容易;要整合成亚洲和欧洲那样的民族,又谈何容易。① 简单说来,非洲很多地区民族尚未形成,便建立了"国家";国家尚未确立或徒有其名,便"民主"了,便引入西方式议会、多党制、普选等政治机制。结果如何,不难想见。

那么非洲民主究竟是一种什么样的民主? 以刚果为例。比利时殖民者撤走时留下的,是一个极其落后,形式上民主

---

① 贺文萍,《非洲国家民主化进程研究》,北京:时事出版社2005,页140、153。

了实质上却四分五裂的烂摊子:"刚果宣布独立时仅16个刚果人接受过高等教育,仅136人受过中等教育;政党林立,达120个之多,每个政党都与某个部族有着千丝万缕的联系。"① 同样,尼日利亚、索马里、坦桑尼亚、肯尼亚、塞内加尔、苏丹、扎伊尔等主要非洲国家也是部族林立的烂摊子,部族主义无时无刻不在削弱社会,侵蚀国家。此即"政党部族化"、"部族国家化",其必然结果是"国家空心化"和无政府状态,军事政变和军人干政成为常态。② 在此情况下,国家即便存在也异常虚弱,不可能有效执行公共管理和服务职能。这从非洲税收普遍太低也不难看出。有论者指出,非洲总体说来是"一个自由至上论者的天堂……一个低税的乌托邦,政府税收往往不到 GDP 的百分之十;相比之下,美国税率超过 GDP 的百分之三十,欧洲某些国家更高达百分之五十"。③ 但应特别注意的是,决非因为非洲政府无比仁慈,或无比虔诚地信奉经济自由主义,税率才如此低下。非洲税率过低,根本原因在于国家能力太弱,不能进行有效的资源汲取。税率如此之低,再加贫穷落后,各国财政之羸弱可想而知。财政如此弱小,想建立一个有效的政府来提供公共安全、公共服务等基本公共品,发展工农业生产,建立基本教育

---

① T. F. Weiss, *On the Margins: The Art of Exile in V. S. Naipaul*, Amherst: University of Massachusetts Press, 1992, p. 191.

② 贺文萍,《非洲国家民主化进程研究》,页130—42。

③ Fukuyama, *The Origins of Political Order*, p. 13;阮炜,《文明的表现》,北京:北京大学出版社2001,第十六章。

和医疗体系,岂不是空谈?

毫无疑问,非洲各国的首要任务,是建立起具有起码治理能力的国家。这项任务异常艰巨。在国家建设过程中,非洲不仅有自身的问题,还受西方误导,以为西方式普选民主为放之四海而皆准的真理。殊不知现代民主并非易事,须有稳定的国家方能运转,须在肥沃的国家土壤上方能生根发芽、开花结果。如果连国家这一基础施设也未建立起来,便玩起昂贵的西方式民主来,结果可想而知:官员腐败,选举作弊,族群分裂,经济停滞,政变不断,强人们翻手为云,覆手为雨,随时推翻政府,搞军事独裁。① 如此这般,连起码的治理也说不上,何来的民主? 即便民主了,又咋的? 故有论者说,在非洲摆脱殖民统治后的三十年里,"没有一个国家(毛里求斯除外)以投票手段和平地更迭过政权或总统"。② 即便在今天,虽也取得了一点进步,某些国家如卢旺达和埃塞俄比亚经济发展甚至很不错,大多数国家面临的任务仍应是政治改革以减少腐败,建立有效能的国家以实现基本的治理。

恰成对照的是,土耳其、韩国、印度尼西亚、马来西亚、印度,以及巴西、阿根廷、智利、委内瑞拉等亚洲和拉美国家虽也实行普选式民主,其政治经济表现却好得多。尽管也存在问题,甚至是严重问题,这些国家 1980 年代以后政局都基本

---

① 贺文萍,《非洲国家民主化进程研究》,页 142—49、246—59。
② 'Africa Rising', *The Economist*, December 3rd, 2011, p.13.

稳定了下来,政变不再频频发生,经济开始起飞。韩国经济自不待言,土耳其、印度和巴西经济表现也相当不俗,成为近年来耀眼的经济明星。考虑到这三国均为国情极的复杂的多种族、多族群、多宗教大国,其经济和政治成绩更是令人尊敬。是什么原因使这些国家如此不同于黑非洲?原因很简单,此三国社会发展水平不仅早已超越国家初创阶段,也都有着悠久的国家传统可以依赖。土耳其历史上大部分时间不仅有统一国家,甚至一度是地跨欧、亚、非的大帝国。印度历史上政治分裂的时间虽多于统一,政治统一质量也不高,但毕竟拥有悠久的国家传统,有过孔雀王朝、德干王朝、莫卧尔王朝一类大帝国,甚至英国人对印度国家治理和政治统一也不无贡献。巴西历史并不长,原本是葡萄牙殖民地,但1822年独立至今已经历了专制君主制、开明君主制、共和联邦制和民主联邦制四种制度,不仅有坚实的国家传统,更有非洲国家难以比肩的政治统一纪录。同样,马来西亚、印度尼西亚以及巴西之外其他拉美国家也有明显强于非洲的国家传统。如所周知,韩国历史上深受中国文明影响,一直拥有任何黑非洲国家都无法比拟的国家意识和国家传统,再加单一的种族和文化,其经济和政治表现当然不俗。

普选民主的缺陷

之所以如此,根本原因在于,在西方式民主中,一方面人民因一人一票而享有形式上的主权,在形式上当家作主,实质上却没有什么权力,精英政治仍大行其道;另一方面,正因为人民享有形式上至高无上的权力,激烈竞争的政党为了赢得选举或保住执政地位,而争相讨好选民。这就必然导致这种局面:政客们为了多得选票,打赢选战,往往以小恩小惠诱惑选民,贿赂选民,不惜牺牲社会的长远福祉和共同体的根本利益。也可以这样表述:在激烈竞争的政党政治中,形式意义上的人民主权必然导致选票至上;对于各政党来说,胜选不啻绝对命令,而作为一悬空概念的"人民"不啻绝对主子,包括执政党在内的任何政党为了选票都不敢得罪"人民",不敢为了人民的长远利益而旗帜鲜明地说服选民牺牲一点点短期利益,忍受短期阵痛。既然一味讨好选民,则无论左派还是右派,为了选票都尽可能向中间路线靠拢,而一旦处于执政地位,由于议会制民主中的人民不可能实际执政,便必然成为民众的统治者。因此,既有民主样式面临一个巨大的悖论,即,无论什么党执政,人民形式上当家作主了,实质上却总是处于萨托利意义上的"被统治"状态。①

这种情形也意味着,为了赢得执政地位,在重大问题上本应具有决策和行动能力的执政党从一开始(即仍在野时)便自废武功,很大程度上把决策和行动的能力交出去了。这

---

① 乔万尼·萨托利,《民主新论》(冯克利、阎克文译),上海:上海人民出版社 2009,页 102—48。

就是为什么有西方论者认为,美国政治是"消费文化政治":"就美国而言,'消费文化'政治是美国最大的弱点:选民总是要求立刻得到满足,对长期的结构改革以及给他们带来阵痛的政客缺乏耐心。于是美国公共债务出现爆炸式发展,制定的政策总是治标不治本,而且无法落实重大的长期计划。"①这里,未能展开阐述的逻辑是,一人一票的选举文化必然导致人民在形式上成为"主子"、"主顾",或者说成为政治商品(即特定政治主张、政策以及兜售这些东西的特定政治人物)的"消费者",即"消费文化政治"。这又必然导致激烈党争,使政党利益压倒国家和社会利益,最终必然导致执政者在重大问题的决策和行动上失能。诚如萨托利所说:"迄今为止,西方民主制度的总趋势一直向着散乱的丧权、虚弱和麻木的方向发展……增长中的权力一直是各式各样一切刀式的'否决权',阻止行动权"。②故可以说,西方各国目前之所以仍有发达国家之形貌,是因为仍有一些老本可吃,但可吃老本的日子实在屈指可数了。最初那种有较多节制的普选民主的政治潜力几已被穷尽,而与之相伴随的是各国经济、社会发展潜力之被开掘殆尽。以其结构性缺陷,高福利条件下的普选民主使西方只能吃老本,不能开新局。

我们看到,金融危机爆发以后,西方国家的诸多政党本

---

① 吉莲·泰特,《美国可以借鉴的中国经验》,载《参考消息》2013年1月6日第8版。
② 萨托利,《民主新论》,页137。

应团结一致,共渡时艰,尽快拿出一些切实有效的政策措施以应对危机,恢复信心,重振经济,走出停滞,但实际情况刚刚相反。实际发生的情形是,政党利益和意识形态高于一切,压倒了国家的根本利益和人民的长远福祉。以希腊为例。作为一个高福利国家,希腊经济状况远不如德法和北欧国家,属于借钱过富日子的类型。危机来袭,债务即刻到期,政府却无力还债,眼看就要破产,按理说各党派应团结一致,共渡难关才是。可此时政客所作所为实在是匪夷所思。如果说社会党出于党派利益,为保执政地位而支持信任政府的动议,还说得过去,但反对党"新民主"(立场为中右)竟为了"民主是在1974年还是1981年重返希腊"之区区小事,从议会上全体退席!这等于不支持国际社会提出的帮助希腊渡过难关的救市方案(内容包括实行过紧日子的政策和私有化)。德国总理默克尔虽能从稳定欧元区的大局出发,决定救助债台高筑的希腊,但这不可能不损害民众的眼前利益。于是反对党趁火打劫,大肆揽票,致使执政联盟在接下来的六场地方选举中,场场惨败,引发了欧洲乃至世界金融市场的持续震荡。

在西方大本营美国,同样也是党派利益大于国家利益,选举政治和党派意识形态绑架了民主,议会辩论成为每日非演不可的政治秀(C-Span各电视频道、电台和网站每日对此进行直播)。什么社会正义、民众利益、国家前途,提都别提。这就是为什么危机发生已久,奥巴马政府与既得利益集团反复讨价还价,做出很大妥协后,参议院才勉强通过一个8000亿救市方案。但是非常清楚的是,在如此巨大的危机面前,这一方案不啻杯水车薪,解决不了什么问题。同样地,在提升债务上限(不如此政府财政就会破产)问题和"减赤"谈判上,民主党和共和党政客们连冠冕堂皇的大话也不说,而毫不客气地把党派利益放在第一位。国家和人民的根本利益岂能比政党利益重要,压倒政党利益?美式民主的这种结构缺陷,思想家弗朗西斯·福山在其有关论述中已有淋漓尽致的揭露。①

本该服务于共同体最大利益的民主,表现竟如此差劲。恰成对照的是,危机爆发以后中国政府以最快速度推出了4万亿刺激方案(毋庸讳言,这也造成了通货膨胀和产能过剩之弊端),对摇摇欲坠的世界经济来说不啻雪中送炭。与此同时,中国在基础施设、高速铁路和航天工程等方面也正在迅速推进,在风能、太阳能、智能电网和电动汽车技术开发方面尤为突出。故,至少在应对危机、即时采取因应措施方面,中国的做法有明显的优越性。尽管这并非意味着或我国制度方方面面都明显优于西方,但西方各国应对危机表现不佳确然表明,西方民主无力解决选民短期利益与社会长远利益的结构性矛盾。正是由于这种矛盾,政客们在几年一度的大选中为了获胜无不想方设法讨好选民,投其眼前所好。这就

---

① 参"附识:如何看待福山的思想转变"。

必然使出台一些符合社会长远利益的政策变得异常困难,也使得保持政策的延续性变得异常困难,而政策延续性对于国民经济的至关重要性,再怎么强调也不为过。

基于政党政治的普选民主除政党投选民眼前所好,置社会长远利益于不顾的重大缺陷以外,还有另一个严重问题,即金钱在政治中扮演了过分重要的角色。事实上,在已实行普选民主的国家中,金钱操纵选举、绑架政策早已司空见惯。这意味着,利益集团不顾甚至损害社会和公众利益,以雄厚的财力支持对其有利的候选人,藉此操控国家政策。金钱对美国政治的影响如此之巨,对国民心智的钳制如此之深,以至于特殊利益集团用金钱操控民主、绑架民主竟然合宪合法。《时代》周刊一记者写道,"在美国政治体系中,金钱已成为选举的王牌,最高法院认可企业有权利用雄厚的经济实力来支持有利于其经营的候选人和政策,同时抵制有损其商业利益的政策和候选人。因此无论是健康的改革还是刺激方案,在美国制度下都因特殊利益团体作梗总是要么无法落实,要么弄出一个满足少数集团利益而不是整个经济和社会利益的立法。"[①]如此这般,美国民主被讥为"钱主"不足为怪。

应当看到,欧洲财富分配比美国更公平,北欧诸国尤其

---

① 托尼·卡伦,《"钱主"左右"民主"会给国家带来什么?》,载《安徽广播网》2012 年 1 月 3 日。

如此,法国德国也相当不错,因而金钱对国民政治生活的影响也小于美国,但美国毕竟是西方的领头羊,不看一看美国民主在这方面的表现共同并非妥当。《大英百科全书》中,"民主"的一个定义是:"任何一种旨在缩小社会经济差别(特别是由于私人财产分配不均而产生的社会经济差别)的政治或社会体制"。① 如果以此定义来衡量美国民主,尤其是1970年代以来的美国民主,不难发现它并非名符其实。长期以来,尤其是1980年代里根当政后,美国贫富差距一直在扩大。1974年,美国最富有的1%家庭所拥有财富占GDP的9%,至2007年,此比例已增至23.5%。② 这就解释了金融危机爆发以后,美国经济持续低迷、失业率居高不下,以至于爆发了"占领华尔街"运动,无数民众走上街头示威游行,表达对现行经济政治体制的不满。

财富过于集中于少数人,不可能不对政治生活产生负面影响:人穷没钱,便无缘政治权力,手中那一票基本上是个摆设,就是说,所谓民主很大程度上是一种只有富人才玩得起的游戏,平等原则被弃之若敝履。这就是为什么更多为富人代言的共和党党魁往往出身富豪之家,而更应为中下阶层民众说话的民主党领导人也不得不寻求金融寡头的支持,甚至

---

① 《简明不列颠百科全书》(11卷本),北京:中国大百科全书出版社1986,卷6,页5。

② Francis Fukuyama, 'the Future of History: Can Liberal Democracy Survive the Decline of the Middle Class?' in *Foreign Affairs*, Jan/Feb, 2012.

比共和党更加仰赖华尔街的补贴。这就是为什么奥巴马2008年赢得大选后,不仅没有对疯狂圈钱最终造成金融危机的华尔街寡头进行惩罚,反而用政府接管、全民埋单的方式来"救市"即处理银行破产问题。这也是为什么危机爆发以后,政府本应采取措施缩小贫富差距,却并没有这么做,结果贫富差距非但未能缩小,反而进一步加大。美国高管工资经过两年停滞以后,2011年比上年竟增加了27%至40%。[①]较之大多数美国人实际工资仍低于2008年前的水平,如此大幅度的高管加薪,实在太荒唐,太无耻。本应发挥监管和调剂作用的国家,并没有尽到责任。既如此,说它已沦为金融寡头和企业高管手中的玩物,并不为过。

非普选民主的优越性

由于不搞普选,而只搞小范围、可控的公选,非普选民主在理论上完全可能面临这样的尴尬,即被视为贤能政治、精英政治,根本不是民主。不普选,还是民主吗?的确,民主的要义在于主权在民,在于人民当家作主,在于政治合法性的最终来源不是有超凡魅力的个人,而是人民的同意、公意的认可。《中国人民共和国宪法》关于国体性质的表述是:"中

---

① 'Revealed: huge increase in executive pay for America's top bosses', in *The Guardian*, Dec. 14, 2011.

华人民共和国的一切权力属于人民"。这与全世界通行的理念是一致的(顺便说一句,人民主权论在霍布斯和洛克等人的著述里虽得到了系统论述,却未尝不可以看作"天视自我民视、天听自我民听"以及"君轻民贵"之类中国传统政治哲学的现代表述)。

人民究竟为何,或者说人民究竟是谁,是现代民主政治所面临的根本难题(详第三、四章)。欧美式普选民主在应对人民难题方面虽采取了种种措施,也取得了看似不菲的成绩,但这种民主因在形式上平均主义地搞一人一票,所以必然导致人民主权悖论(详第四章)。事实表明,普选民主很容易导致激烈甚至恶性党争,而形式上的人民主权必然导致选票至上,最终必然使任何政党为了选票,都不敢得罪"人民",都不敢尽力说服选民牺牲哪怕一点短期利益,以出台一些重大政策措施,以从长远和根本处维护和发展共同体利益,保持并提升共同体的活力。非普选民主因不搞一人一票,所以有望克服人民难题。

同既有普选民主相比,非普选民主作为一种仍处于探索阶段的政治形式,可望避免以一人一票的形式把"人民主权"绝对化、神圣化(详第四章),因为"人民"和"人民主权"概念的含意极难把握,决非像在古代氏族民主中那样,仅指与贵族相对的中下层民众,也非像我国革命时代那样模糊地指称贫穷阶层甚或劳工阶层。正因此故,非普选民主才主张不搞一人一票式的全民大选和政党竞争,而搞小范围可控的公选,并且采取其他制度性的监督和制约措施。如果操作得当,这种样式的民主可望更有效地避免既有民主的弊端,更好地服务人民。因此可以说,非普选民主是一种实事求是、不搞形式主义的民主,一种不仅要服务于民众的短期利益,而且要从长远和根本处对人民负责的民主。这种民主因牢牢植根于中国国情,若操作得当,我国很可能走出一条能最终解决普选民主形为民主、实为寡头统治这一根本难题的道路,从而可望避免高福利条件下普选民主的最大弊端,即,政客们在形式上将人民置于崇高的地位,一味讨好民众,唯票是求,却牺牲了人民的根本利益。

非普选民主因不搞普选,而进行小范围竞争性公选(详第五章),即把选拔党政负责人的关键权力扩大到一个可观但可控的范围,就可望打破我国一直以来所处的困局:官员任免权被局限在一个太小圈子,掌握关键权力者因种种原因很难说做到了真正向广大党员和公民负责,而很可能只是向少数上级领导负责,甚至向其输送利益,从而为滥用权力乃至贪腐以可趁之机。非普选民主既主张竞争性的公推公选,只要操作得当,一定能切实扩大普通党员和公民监督权、表达权和参与权,让公权力得到有效节制,削弱官员们几不受制约的自由裁量权,取消过多的行政审批权和过严的政府管制,从而大大压缩索贿行贿的空间,从源头上遏止腐败。

非普选民主虽不是通常所谓代议制民主,却跟代议制民主一样,也是一种间接民主。在这种民主中,党政负责人一且在竞争性公选中被推选出来,就意味着他们已成为普通党员和公民的政治代理人,或者说普通党员和公民已把手中的权力委托给他们了。之所以把他们而非其他人推选出来,是因为在公开透明、合乎程序并真正具有竞争性的公推公选过程中,受普通党员和公民委托的"推选团"和"推荐团"成员秉着客观公正的原则,以投票的方式对候选人进行公平、公正的小范围选举或选拔(详第五章)。由于"推选团"和"推荐团"的成员较熟悉其所在选区的经济、社会和政治情况,对被选举者的情况有较为准确的把握,因而有资格也有能力把真正优秀的候选人推选出来(详第五章)。从普通党员和公民的角度看,在公开透明、合乎程序、真正具有竞争性的推选过程中,把手中权力委托给所信任的候选人是值得的,因为他们相信当选者能够按其意愿行事,从根本上对其负责,包括做出一些可能并非符合其短期利益,却符合其长远利益的重大决定。换句话说,非普选民主如果操作得当,"推选团"、"推荐团"成员与经过几轮选举产生的党政负责人将具有良好的代表性。

由于不搞普选和多党竞争,非普选民主可望在三个方面优于西方样式的民主:一,可望避免西方式民主的最大缺陷:激烈竞争的政党唯票是求,一味讨好选民,从而导致政党利益压倒人民的根本利益,使个人短期利益与社会长远利益总是处于结构性对立的状态;二,可望避免西方式民主的这一缺陷:金钱操纵选举,绑架国家政策,或者说少数利益集团不顾国家和社会整体利益,用金钱支持对其有利的候选人,藉以操控国家政策的形成,使之符合一己私利,对公众利益却造成损害;三,正因其非普选性,这种民主在操作上更容易禁止任何形式的拉票买票,从而可望避免西方式民主中常见的贿选现象。

应当看到,既有民主实践并非一无是处,中国式的非普选民主应学习其长处,尤其要吸取北欧诸国、德国、日本和韩国在"共富"方面的先进经验,使社会财富分配合理化,有效解决目前已相当严重的贫富悬殊问题。如前所述,今日中国社会的结构性矛盾早已不是效率与公平的矛盾,而是效率与不公的矛盾,故在当前乃至未来一段时间,推进民主很大程度上就是缩小财富差距,实现共富。非普选民主不搞政党政治、全民大选,却推行小范围可控的竞争性公选,同时还实行领导干部财产申报和登记、对领导干部进行公开考评、行政问责、群众测评等等对公权力等民主监督制约的"基层民主"政策,所有这些方略都十分有利于逐年缩小我国的财富差距,逐步实现邓小平当年所呼吁的"共同富裕"。

有一种担忧,即,在推行非普选民主的过程中,会不会出现国家治理能力下降,社会动荡不安,分裂势力伺机而动的情形呢?极而言之,执政党会不会因推行非普选民主而失去政权而"亡党亡国"呢?当然不会。因为执政党有深厚的执政合法性、强大的组织系统和丰富的执政经验,也因为非普选民主充分考虑到执政党的执政威权和地位,并努力维护其执政权威和地位。既然如此,就应放手一搏,勇敢实验。可以说,非普选民主对于执政党有百利而无一害。执政党决不会因民主实验而失去政权,反而会变得更坚强,从而可望长期执政、长久掌权,中国也必将进一步崛起,对人类政治理念和世界格局产生更强大的冲击。

所以,讨论非普选民主而不谈民主与国家的关系,是不全面的,甚至有严重缺陷。常识告诉我们,没有政府权力合理合法的集中与合理合法的使用,就不可能有效地提供公共管理、公共服务、公共安全和社会正义等公共产品,最终就不可能实现善治意义上的民主。换句话说,国家是民主的前提,强大的国家能力更是善治的关键;国家固然是一种恶,却是一种必不可少的恶。英、法、美、德、经济发达的国家在其民主化进程中,无一没经历过一个合理合法的政府权力集中、国家能力强化的过程,甚至在民主化进程如火如荼的19下半叶至20世纪上半叶,国家权力也丝毫未被削弱,反而明显得到加强。也就是说,在一定条件下,民主化是有利于国家权力集中和国家能力提升的,二者为一个硬币的两面,相辅相成,同步发生。东亚国家如日本、韩国的民主化和现代化历程同样说明了这一点。此现象不仅为考察美国和英国民主的托克维尔所注意到,也为意大利、德国等欧洲国家的近代历史所证明。另一方面,凡东施效颦照搬西方式民主却未能有效集中政府权力、提升国家能力的国家,其民主无不大打折扣,甚至根本不被视为民主,其经济社会发展也受到严重损害。

从这个角度看问题,不难发现,非普选民主可能比普选民主更有利于国家权力集中和国家能力的提升,因为它在推进民主的同时寻求最大限度地保证执政党的执政地位和权威,从而能够较好地保证社会稳定和经济秩序非但不受损害,反而得到加强。大量非洲、拉美、东南亚和阿拉伯国家搞了普选民主,但却未能提升国家能力,保证社会稳定和经济秩序不受损害,最后结果是,不仅其民主大打折扣,其经济和社会发展水平也远未达到应有的水平。非普选民主不仅因最大限度保证执政党的执政地位和权威,而有利于国家稳定和国家能力的提升,也因明显扩大了选官队伍并努力追求选举过程的公正性、公开性和透明性,而能更干净利索地解决执政党一段时间以来因结构性权力寻租问题而面临的执政合法性遭损难题。事实上,非普选民主是避免让"权为民所用,利为民所谋,情为民所系"流于口号的最佳途径。能真正做到"权为民所用,利为民所谋,情为民所系",就能真正保持党和人民的血肉联系,就能更好使人民当家作主,最终就必能强化国家权威,提升国家能力。

众所周知,中国是一个多民族、多宗教的超大国家,分裂分子在敌对势力支持下相当活跃,不强化国家权威,不提升国家能力,我国的领土完整和国家统一就会受到威胁,甚至得不到保障。因此,在尽可能维护执政党权威的前提下有条不紊地推进非普选民主,正因为能够更好地做到"权为民所用",更有效地节制公权力,更有效地解决吏治腐败问题,更有效地保障人民的权利,所以一定能够起到强化国家权威,提升国家能力的作用。

三　因应人民走上前台的时代课题

引　言

　　从根本上讲,中国共产党是代表中国人民利益的政党,而目前观察到的种种非普选民主措施,是对我国在一党执政下已有民主制度安排和实践的继承与发扬。事实上,我国人民代表大会和党代表大会等民主性组织形式之初具规模,各级权位终身制之根本废除,各级党政领导职位包括党总书记、国家主席和国务院总理之最高职位的和平更替等,已为一种参政程度更高、对公权力监督和制约更加有效的民主打下了坚实基础。应当看到,所有这些措施和制度安排首先是执政党对人民走上历史前台这一时代课题的因应,即,虽然暂时不追求形式意义上的一人一票,全民大选,却致力于不断提高对普通党员和公民政治权利的尊重,更是明确地把扩大对党员和公民的政治赋权作为其奋斗目标。

以下讨论基于三点认知:1)一百多年来,世界性的民主化运动决非凭空发生,决非由几个启蒙思想家的言论甚或少数国家的"阴谋"所能挑动起来,而有着深刻的社会历史背景和理念背景;2)在经济社会发展水平迅速提高,工业化、城市化、信息化进程明显加快,交通和通讯手段日新月异的条件下,民众不可能再像从前那么沉默被动,其主体精神已大大提升,权利意识已大大加强,不仅拥有表达意愿的能力,也拥有表达意愿的手段和资源;3)"人民"虽然可能意味着人民难题,一人一票意义上的"人民"最终虽可能导致人民主权悖论(详第四章),沦为一个像"天命"、"上帝"、"历史"那样的话语符号。但在当前国情下,"人民"确然意味着卢梭"公意"意义上的众多并非居于权位的普通党员和普通公民。

从字面上看,英语里 democracy 指民众或人民统治,或人民当家作主。这决不是空穴来风,而有着人民走上前台的深刻历史背景。人民之所以能够走上历史前台,其背后不仅有着各大文明源远流长、根深蒂固的人格平等观念,也有着18世纪中叶以降工业化、城市化、教育普及、交通和通讯技术革命所带来的巨大变革,更有伴随这一切的民众权利意识和民主诉求的高涨。换句话说,人民不走上历史前台,便不可能有现代民主,尽管二者之间的因果关系并非总是一目了然,而很可能是互为因果的。改革开放以来,中国之所以能政治宽松化和广义民主化,与执政党对人民走上前台之历史脉搏的把握密切相关。

前现代"民"与现代"人民"

人民走上前台既然如此关键,就得回答这一问题:"人民"究竟为何?

如上一章所提到的那样,在人类语言中,"人民"一直是个模糊的概念,甚至只是一个政治符号,而且一直处在流变之中,内涵并非固定。中国历史上虽产生过"天视自我民视、天听自我民听"之类政治思想,也出现过唐太宗、宋太祖、康熙皇帝一类雄才大略的君主,他们很清楚得民心者得天下,顺应民意方能繁荣昌盛、长治久安的道理,但在当时中国乃至全世界所有国家,尚不存在权利得到充分法律保障的人民,更不存在获得充分政治赋权的人民。在这方面,中世纪英国也并非例外。尽管封建制下的英国贵族1215年以"人民"的名义与国王约翰签署了《大宪章》,对国王的权力进行一定程度的限制,但选举权要晚至19世纪中叶才逐渐对普通男性公民开放,妇女更晚至1928年才获得选举权与被选举权。

尽管并非所有古代政体都是君主制(在相当长一段时间内,氏族形态的民主共和制普遍存在于各大文明中,中国文明决非例外),但在20世纪之前中国和前现代欧洲的相当长一段历史上,君主制被视为天经地义。在君主制中,只有臣民或民,没有现代意义上的人民。这里所谓"民",是指在前现代政治结构中,其重要权利(如土地权、财产权等)尚未得到充分法律保障,遑论获得充分政治赋权的被统治者;所谓"人民",是指在现代政治结构中,其基本权利已得到充分法律保障,甚至已获得充分政治赋权的不在权位者。及至西元17、18世纪,英国和法国社会经济的发展使一种新型的民得以兴起。他们用现代意识形态——主张人人平等的英国清教主义,以"自由、平等、博爱"为号召的法国共和主义——武装起来,发动了现代意义上的革命(即所谓"资产阶级革命"),建立起君主立宪制和民主共和制,因此不妨把英国革命和法国革命视为人民走上历史前台的历史起始点。但,这只是一个漫长过程的开端,还得经过多次斗争和反复(例如,法国民主共和政体在经历了多次王朝复辟后,才得以在19世纪下叶最终确立)。此前只有民,而没有人民,因为民众当时并不享有或者说不充分享有今人所熟知的法律意义上的种种自由或权利,如言论自由、出版自由、集会自由,以及选举权和被选举权。要等到这一过程完成后,方可说前现代意义上的民已成为现代意义上的人民,即已享有基本的经济政治权利,已真正走上历史前台。

尽管如此,民众在此之前虽尚未享有或充分享有上述政治权利,但这并不等于他们的利益表达完全缺失,只不过其表达方式不同于现在通行的方式,而是更为暴烈。现在司空见惯的请愿、游行、示威、静坐等和平的表达方式,在19世纪以前的欧洲并不常见。当时一旦出现群众示威事件,往往很快就会升级为骚乱、起义之类的暴力形式。14世纪法国发生的扎克雷起义、14世纪英国的瓦特·泰勒起义、15世纪捷克的胡斯起义、16世纪上半叶德国大规模的农民和市民起义、17世纪上半叶英国的清教革命、18世纪后期法国的大革命,以及18世纪后期俄国的普加乔夫起义,都是欧洲民众用暴力表达利益的著名例子。

与19世纪前的欧洲相比,因天灾、兵燹和吏治腐败等缘故,历史上我国民的处境可能更糟糕。因同样的原因,历史上中国的农民起义数不胜数,无法精确统计,但中国农民起义范围之广、规模之大、频度之高、程度之烈,欧洲各国乃至其他任何国家都无法比拟。

如果说自19世纪中叶起,西中欧因工业革命接近完成或已经完成,民众利益表达大体上已不再采用暴力的手段,那么在工业化尚处初级阶段的俄国,即便进入20世纪以后,暴力革命仍是民众利益表达的主要方式。就中国而言,进入20世纪以后,列强侵略导致深重的民族危机,当时工业化水平本来很低,再加上西方日本廉价产品涌入,抢夺市场,民族手工业凋敝,民族资产阶级纷纷破产,大量农民和手工业者失去生计,经济危机日益加重,这又一进步加深了本已深重的民族危机,革命遂成为必然。在此意义上可以说,"告别革命"论实在是事后诸葛亮。原因很简单:中国不可能不发生革命。不革命,便不能解决最重要的生产资料即土地过分集中于地主,耕者无其田的问题,尽管解决办法完全可以更温和一些。不解决这一根本问题,便不能克服日益深重的民族危机,便不可能驱逐列强,建立新中国,实现四个现代化。国民党在大陆之所以失败,是因为其"三民主义"革命并不彻底,未能直面生产资料过分集中于少数人的问题,败退台湾后才实行温和的土地改革,之后才有了经济起飞。共产党之所以胜出,主要是因为其所领导的革命本质上是一次土地革命,虽有过土改中镇反扩大化之严重失误,但毕竟解决了耕者有其田这一历朝历代未能根本解决的天大难题。同样重要的是,中国革命也是一场民族革命,解决了独立自强于世界这一根本问题。

可即便在十月革命后的俄国和1949年以后的中国,现代化目标也因工业基础太弱而决非一蹴而就。事实上,俄中两国工业化都是付出了巨大代价后才实现的。为了实现工业化,两国都采取了非常时期的赶超战略,即冠以"社会主义"之名的国家资本主义(与自由资本主义相对),以国家主导的高汲取、高积累为主要特征。这种非常态的赶超战略虽取得了很大的成绩,也产生了尽人皆知的后果,即政治权力过度集中,民众的各种重要权利受到了较大侵害。事实上,在"前三十年"历史上,我国大量人口被排斥在人民之外,甚至发生了大跃进和文革之灾难。苏联甚至有过莫斯科审判、大清洗之类更为严重的问题。

只是在大体上实现了工业化,社会发展水平有了较大提高,而且初步引入现代法律制度后,现代意义的人民才大体上在俄中两国形成。这就是为什么1990年代初苏联解体,以"休克疗法"向"民主自由"转轨时,俄罗斯虽一时出现过社会振荡,却未发生大规模暴力冲突。这也是为何中国改革开放以来利益分配格局的变化至深至巨,近十几年来"群体事件"此起彼伏,却从未爆发大规模暴力冲突。目前看来,我国虽然没有搞西方式普选,但现代意义上的人民已大体形成。

西方普选权的演进

如果像古雅典那样,把选举权作为是否属于人民的关键尺度,那么西方各国大约自1830代部分放开选举权至1920—1950年代普选最终实现,就可以视为人民兴起过程的完成。采用这种思路有一个好处,即,可以划出一条何谓"人民"的清晰的法律界线。而假如把拥有选举权与否作为是否属于人民的最终尺度,也不难看清这一情形:在20世纪中叶以前相当长一段时间里,在大多数西方国家,财产、性别和种族曾被用来限制民众的选举权,很多人士被排斥在人民之外,普选远非一蹴而就。

英国虽然在13世纪初便产生了贵族限制国王权力的"大宪章",1688年更发生了"光荣革命",更明确地限制君主的政治权力,正式实行现代意义上的君主立宪制,但是,迟至

1832年通过著名的民主"改革法案"时,拥有选举权的公民还不到成年男性人口的10%。"改革法案"通过以后,选举权也仅仅扩大到拥有10英镑以上财产的男性。由于10英镑在当时并不是一小笔钱,享有选举权的英国人仅仅占成年男性人口的14%。之后,在巨大社会和政治压力下,议会又于1867年通过了第二个"改革法案",选民人数遂由此增加到成年男性人口的32%。再后来,1884年通过"人民代表权法案",1885年又通过"议席再分配法案",虽然仍保留了一定程度的财产限制,却把选举权扩大到56%的成年男性人口。① 直到1918年通过第二个"人民代表权法案",对男性选民的财产限制才最终取消,成年男性才最终获得充分选举权。也是在当年,在争取普选权即包括妇女在内所有人的选举权运动的巨大压力下,英国妇女虽然获准参与议会选举,却不仅没能同时获得被选举权,而且参与议会选举的权利也仍受到财产和年龄的限制(限于三十岁以上的妇女)。最后,迟至1928年,英国妇女才享有与男性公民相等的选举权与被选举权,终于成为人民的一分子。②

法国民主共和在西方可谓开先河,但在急风暴雨的大革命后却遭遇难产,之后经历了一百多年过山车式的反复,才最终修成正果。令人惊讶的是,这个历史上最先扛起自由平

---

① 'Elections in the United Kingdom', in *Wikipedia*, 2011年7月19日。

② 'Suffrage', in *Wikipedia*, 2012年7月19日。

等之大旗,早在1789年便颁布了《人权宣言》的国家,最初却把仆人、流浪者、乞丐、妇女等"非纳税者"统统排除在人民之外,即便通过《1791年宪法》(孟德斯鸠主张的三权分立借此成为法律)以后,2700万人口中也只有400万男性公民享有选举权。1793年通过的激进宪法虽将选举权扩大到所有男性公民,但这种普选权还没来得及实施便被废除。1794年发生热月政变,雅各宾派政权被推翻,之后通过的《1795年宪法》又恢复了对选举权的财产限制。1848年二月革命以后,第二共和国再次实行普选,但两年后右派掌权,普选权又被取消。二十年后,法国再次发生社会动乱,巴黎公社运动兴起,提出政教分离(具体指把教会财产变为社会财产,去除学校的宗教教育)及给予妇女选举权的主张。在第三共和国时代(1870—1940年),法国男性才最终获得不受财产限制的选举权。法国妇女更晚至1944年方获得选举权。①

美国普选权演进的路径虽有所不同,但从根本上看与欧洲并无二致。1860年,美国取消对白人男性选举权的财产限制,1870年通过的《宪法第十五修正案》规定"公民的选举权不得因种族、肤色、或过去的奴役状况而被合众国或任何一州否认或剥夺",②1920年通过的《宪法第十九修正案》更

---

① 王绍光,《祛魅与超越》,页101。
② 《美国宪法第十五修正案》,载《维基百科》2012年7月19日。这里"过去的奴役状况"原文为 previous condition of servitude,指先前作奴隶被人奴役的情形。

是规定:"合众国或任何一州不得因性别而否认或剥夺合众国公民的选举权"。① 这表明,在严格的法律意义上,美国在1920年最终实现了普选。需要注意的是,美国妇女虽在1920年代便获得法律意义上的选举权,但这并不意味着她们立即便与男性享有完全相同的社会权利。哈佛大学雷蒙特图书馆五楼走廊上有一块引人著目的铜牌,上刻一则故事:直至1963年该馆仍禁止妇女进入;1964年,在全国上下民权运动冲击下,妇女终于获准从侧门进入主阅览室;迟至1965年7月图书馆才完全对妇女开放。作为引领时代潮流的"进步派"大本营,哈佛大学尚且如此,其他地方可想而知。也应注意,《独立宣言》虽开篇便说"人生而平等",但这里的"人"是指不分出身或背景的白人男性,并不包括黑人奴隶。这就是为什么宣言起草者托马斯·杰弗逊拥有两百多个奴隶,却无丝毫良心不安;也解释了为何晚至1960年代,黑人才开始享有法律上与白人同等的权利。正如美国妇女今天仍在为男女同工同酬奋力抗争那样,美国黑人今天也仍在同有形无形的种族歧视作斗争。尽管如此,如果说妇女和黑人今天已成为美国人民的一部分,大体上是符合事实的。康斯坦丝·赖斯能出任国务卿,希拉里·克林顿能竞选总统、当国务卿,贝拉克·奥巴马更当上了总统。

从以上对欧美普选权演进历史的勾勒中不难看出,自

---

① 《美国宪法第十九修正案》,载《维基百科》2012年10月27日。

19世纪中叶以来,西方主要国家政治权利意义上的人民概念一直在扩展,或者说,经历了一个不断扩大对民众政治赋权的过程。应特别注意的是,1830年代至1950年代西方各国选举权范围的扩大、人民内涵的扩展,几无例外都发生在工业革命已经完成或接近完成的时期。历史事实是,英国在19世纪中叶才初步实现了工业化,欧洲大陆其他国家(发展较迟缓的东欧国家不在此列)和美国稍晚一些,但也在19世纪后半叶至20世纪最初二十年陆续实现了工业化。当然,由于种种原因,瑞士妇女迟至1971年才获得选举权,亦即瑞士晚到1970年代才实现普选,①西班牙民众更是晚至1975年废除君主制,建立共和国,实行全民选举以后,才获得普选权。

应当注意的是,如果不采用过于严苛的标准,欧美各国在尚未实现普选之前,大体上就已经实现了善治,获得了相对于非西方国家来说强大得多的国家能力。这意味着,在很大程度上,欧美各国在对君主权力有很大节制的议会制民主实行若干个世纪以后才最终实现的普选,是善治和国家能力提高的结果而非原因。尊重和保护人民的权利固然极重要,但普选与基于强国家的善治并无必然联系,完全可以采取一条非普选路径来达到同样的目的。也可以说,普选不是富强

---

① 布公,《为什么民主必须是自由的》,载三联书店编,《直接民主与间接民主》,北京:生活·读书·新知三联书店1998年,页29。

的手段,而是富强的结果。很多发展中国家没能看清楚这一点,错误地把历史进程的结果当作手段,远未富强便搞了普选,结果自然不尽人意,甚至灾难不断。

不少中国知识分子以为,民主不是其他就是西方式普选民主;这种民主是普世价值,放之四海而皆准;不采用这种民主样式就没有民主,就不能实现"中国梦"。按此逻辑,非普选民主根本不是民主,而仍是专制极权。另一些知识人走到另一个极端,他们持极端保守主义的立场,以为民主自由是西方启蒙思潮理性至上主义的产物,是现代人道德沦丧和价值虚无主义的总根源,却对人民兴起的深刻历史、经济、社会和技术背景置若罔闻,否认现代民主自由观和法治与仁义礼智信一样,都是人类在漫长历史中所共同创造的文明成果,都是人类所共有的价值观,如此这般便无需探索中国式的民主道路了。

人民在现代中国的最终形成

从现代中国来看,人民概念自欧美引入后一直在用,也一直在变。尽管因特殊国情的缘故,1912 年成立的中华民国并没能立即举行严格意义上的议会和总统全民大选,故当时的"人民"并非以是否有选举权之标准来衡量。但在抗日战争和国内革命战争期间以及在中华人民共和国前三十年历史上,"人民"的内涵一直在演进,在扩大。曾几何时,阶

级斗争理论风行中国,"人民"概念甚至一度发挥过辨识敌友、分清敌我的功能。毛泽东说:

> "应该首先弄清楚什么是人民,什么是敌人。人民这个概念在不同的国家和各个国家不同的历史时期,有着不同的内容。拿我国的情况来说,在抗日战争时期,一切抗日的阶级、阶层和社会集团都属于人民的范畴,日本帝国主义、汉奸、亲日派都是人民的敌人。在解放战争时期,美帝国主义和它的走狗即官僚资产阶级、地主阶级以及代表这些级阶的国民党反动派,都是人民的敌人;一切反对这些敌人的阶级、阶层和社会集团,都属于人民的范围。在现阶段,在建设社会主义的时期,一切赞成、拥护和参加社会主义建设事业的阶级、阶层和社会集团,都属于人民的范围;一切反抗社会主义革命和敌视、破坏社会主义建设的社会势力和社会集团,都是人民的敌人。"①

对毛泽东来说,弄清楚谁或什么是人民,是一个决定革命成败的天大问题。于是,在文革期间乃至中华人民共和国前三十年历史上,工人和贫下中农是人民,是无产阶级,而共产党则是无产阶级的先锋队,而人民的对立面则是"地富反

---

① 毛泽东,《关于正确处理人民内部矛盾的问题》。

坏右"即地主、富农、反革命、坏分子、右派分子。他们被划归敌人或革命对象的范畴,不仅其本人如此,子女也受牵连,被视为"黑五类",在入团、入党、毕业分配、招工、参军、提干等方方面面遭受歧视。尽管文革中后期,"黑五类子女"多少被改称为"可以教育好的子女",处境有所改善,但遭受歧视这一点并无根本改变。

如果能如此简单明了地把人群划分成敌我两大类别,并非全然是坏事,至少可以方便对人民概念的把握。问题是,在十一届三中全会以前,按当时主流思维,人民内部存在一个无产阶级("无产阶级"极易与"工人阶级"概念相混淆),是人民中的一个先进阶级,而在他们与敌人之间,有一片广阔的中间地带,即由旧时代过来的民族资产阶级、小资产阶级即手工业主、学校教师、小事务员、小律师和小商人等及其后代。他们虽未受到"黑五类"式的歧视,但政治权利明显少于革命军人、干部、工人、贫农下中农及其子女。除了意识形态的原因,此格局的形成很大程度也由于外部敌对势力和经济封锁、军事威胁使中国长期处于事实上的准战争状态,更由于存在着必须在极短时间内实现工业化之巨大战略压力。在执政者看来不按阶级斗争理论把人群划分为"无产阶级先锋队"、"工人阶级"、"贫下中农"和地富反坏右"黑五类"、"灰五类",便不能分清敌我,进行有效的政治动员。

这就难免造成"人民"排他性过强这一严重后果。如果连数量巨大的民族资产阶级、小资产阶级和知识分子也不能得到充分信任,就很难说在十一届三中全会前,现代意义上的人民已真正形成,已真正走上历史前台。十一届三中全会以后,在政治宽松化、初步法治化和广义民主化进程中,中共开始由革命党向执政党迅速转型,先前那种以阶级斗争理论来划分出"工人阶级"、"贫下中农"和"黑五类"、"灰五类"的做法失去了意义。尽管不同阶级或阶层之间还存在差异和矛盾,不同群体的利益诉求也不尽一致,但这些差异、矛盾和诉求不同现在已不具有对抗性。为数众多的小资产阶级分子已成为人民的一部分,知识分子即文革中的"臭老九"也终于被接纳到人民之中,被接纳到"工人阶级"之中,成为"先进阶级"的一分子。除了刑事犯罪分子和严重精神病患者,"人民"现在几已无所不包。中共也在此过程中从"无产阶级"或"工人阶级"的党转变成全民党,从革命党转变成执政党。只是在此之后,现代中国与发达国家大致相当的人民才最终形成。这也意味着在当今中国,不能把是否具有普选权当作衡量人民是否已经形成的最终尺度。

另需注意的是,户籍制把国民划分为城市人口和农村人口,后者在理论上所享有的政治权利虽不少于城市人口,但其经济、社会和文化权利明显少于前者。这种平等不平权状况虽不乏历史根源,却使人民概念的涵盖范围明显打了折扣,严重损害了人民概念的完整性乃至本真性。这种状况的形成有一个更为直接的原因,即,1950年代中期,为了在最短时间内实现工业化,执政者不得不使用国家权力把国民划分为农业和非农业人口两大类,通过剥夺前者(从国家和民族的高度看这不啻"自我剥夺")来实施一种高汲取、高积累从而在最短时间内实现现代化的国家战略。尽管执政者当初并非充分意识到了这么做的社会后果,但在工业化、现代化尚未实现的国情下,最后结果必然是结构性的城乡二分和城乡对立。这种格局一旦形成便殊难改变,至今已长达半个多世纪却依然痼疾难疗,虽已看得见治愈的曙光,但全面彻底的废除却仍有待时日。应当承认,改革开放以后,由于经济社会环境相对自由化以及市场经济政策的全面实行,我国经济社会的发展取得了长足的进步,城市化进程明显提速,城市人口快速增长,户籍制改革终于被提上议事日程,近年来大城市近郊和沿海地区的户籍制改革更取得了明显的成效,因此城乡二元对立有了不小的缓解。但由于社会经济发生水平仍不尽人意,要根本解决城乡平等不平权问题,得等到我国最终进入高收入国家行列。

人民走上前台的理念和社会历史背景

作为一种现代现象,人民的兴起与政治参与的扩大基本上是同步发生的。这决不是空穴来风或历史的偶然,而有着理念、经济、社会和技术方面的深刻原因,甚至可以说像黑格尔所谓"世界精神"那样,是一个逐步展开的宏大过程,是一种历史必然。

如果说在西方古代的贵族共和国和民主共和国时期，人口中相当大一部分的奴隶连人身自由都没有，那么及至罗马帝国晚期，经济社会的发展使奴隶制解体，人口主体已是自由民，在意识形态层面也兴起了与之相适应的基督教平等理念。此时的基督教虽然不主张激进的社会革命，甚至与统治者有很大程度的合作，但很大程度上可以视为一种为奴隶和穷人说话的宗教。最重要的是，它主张上帝面前人人平等。这是形式意义上的平等，使社会下阶层和中下层主体性得到伸张，人格得到尊重，因此完全可以视之为一个现代理念。这种形式平等理念当时虽未能直接引领民众走向前台，但在观念方面却发挥了至为重要的作用。15世纪以降，很大程度上正是藉着基督教的平等理念，西方各国才得以削弱贵族势力，废黜君主（尽管君主立宪国保留了"虚君"），实现共和或虚君共和。

同样，中国在春秋战国时代便已出现了形式平等原则。孔子、孟子等一大批思想家树立了"君子"理想，通过个人的道德修养来提升整个社会的精神品质。既然"有教无类"，"为仁由己，而由人乎哉"，"尽其心者知其性也，知其性则知天"，"万物皆备于我"，贵族血统有何高贵？有何优越？一旦具备这种现代性的新思维，"大丈夫"主体性便得到高扬，可以也应该做到"富贵不能淫，贫贱不能移，威武不能屈"。此外，《论语》里"君子"一词含义的变化也反映了人格平等理念的兴起。在春秋时代早期，"君子"通常表示贵族，但及至孔子及其后时代,这个词主要已是指道德高尚的人,而不再看出身如何。诚然,儒家主张爱有等差,甚至为了维护社会政治秩序而主张"君君、臣臣、父父、子子",但是"有教无类","学而优则仕","贤者在位,能者在职","唯仁者宜在高位"一类教诲所隐含的形式平等和人格尊严理念,都是对贵族血统论的否定,都是有利于民之最终成为人民的。

尽管在意识形态层面,19世纪以前的西方和改革开放以前的中国都已为人民兴起做好了准备,但无论如何必得有一些经济、社会和技术上的直接肇因,人民才可能最终走上历史前台。从欧美来看,此过程发生在工业革命接近完成或已经完成之时。换句话说,现代意义上的人民作为一个前所未有的历史现象,是工业化、现代性的产物。同样需注意的是,普选权意义上人民的崛起与现代民主在欧美的推进不可分割地联系在一起,与君主制在欧洲各国逐渐丧失合法性不可分割地联系在一起。换句话说,人民之走上前台有着理念、经济、社会和技术方面的深刻原因,是历史的必然,决非西方文明的一种独特品质,或一种独一无二的欧美"文化"。在此意义上可以说,民主作为一个具有普遍意义的理念,不同于基于具体国情的具体民主样式(如西方式的普选、多党竞争、三权分立,或中国式的非普选政治参与),不应视为西方的一个意识形态阴谋,或西方一心一意想要强加给其他文明的一种价值观,或出于维系其霸权地位的考虑,所精心包装向全世界推广的一套阴险狡诈的政治话语。

为什么这么说？如果把 1832 年英国通过"改革法案"——该法案把有选举权的英国成年男性从先前不到人口的 10% 提高到 14%——作为人民范畴急剧扩大的肇始点，就必须回答一个问题：为什么不早不晚，恰恰在这时发生？为什么不是在西元 10 世纪、18 世纪或西元 22 世纪某个时候，而偏偏在 19 世纪？只需对历史作一个简单回顾，便不难发现，人民的崛起只能发生在此时，而非更早也非更晚。原因很清楚：此时英国工业革命正接近完成，前所未有地把巨大的社会生产力魔术般地呈现在人们面前，为人们所掌握所利用，人类的思维方式及治国思路也势必随之发生根本性变化。如所周知，工业革命最初于 1750 年至 1850 年间发生在英国（现荷兰、比利时地区也是工业革命的重要肇始地），很快便波及整个西欧。工业革命不启动则罢，一启动便不可收拾，不仅很快席卷西欧，而且迅速扩散到美国、中欧、东欧乃至全世界，整个人类生活和思维方式随之发生了翻天覆地的巨变。

工业化是人民走上前台的直接肇因

为什么工业革命能产生如此巨大的效用？

需要指出的是，工业革命虽肇始于英国，从根本上讲却是一场世界革命。

理由有二。一、工业革命信赖于一个世界性的经济体系或曰世界体系——这个远大于英国金融、技术、市场和原料基地的经济网络不仅为其提供原初资金和技术,而且为其提供了原料产地和产品市场。事实上,世界体系是工业革命的一个前提条件,而世界体系不仅包括东亚、南亚、西亚北非,也包括欧洲和美洲。假如没有这些区域几千年来持续不断的经济发展、技术积累以及市场和资金支持,在单单一个英国,工业革命是决不可能发生的。

二、工业革命不仅意味着用机器生产取代手工劳动,用工厂化大生产取代个体工场的手工生产。从更高层面看,它意味着人类驾驭能源的能力有了质的飞跃。人类从此得以大规模利用化石能源,以数十倍、数百倍于先前的速度利用地球在亿万年里储存起来的巨大生物能,使劳动生产率得到巨大提升,使人均财富和生活水平在短时间内得到明显提高。正是工业革命,使大规模生产廉价工业品成为可能,使火车、轮船、汽车、飞机等廉价快捷的交通运输手段成为可能,也使电报、电话、电视、互联网等廉价而迅捷的通讯传播手段成为可能。与工业革命相伴随的,是城市化进程的骤然加速,是农村人口以前所未有的速度和规模流入大量人口聚集、信息无比畅通的城市,尽管也出现了贫富悬殊一类问题。

工业革命既然不仅仅是英国一国的小革命,而是一场改变人类命运的大革命,其所造成的全球性冲击、其深刻的全球含义就决不可低估。据经济学家安格斯·麦迪逊统计,在1000—1820年这800多年时间里,世界人均收入仅提高了

50%,人口仅增加4倍,但1820年以后世界发展的速度比之前提高了数倍,及至1998年,在不到180年的时间里,世界人均收入竟提高了8倍以上,人口竟增长了5倍以上。① 与此同时,人类整体生活水平也大大提高,人均寿命成倍增长。在1000年至1820年近1000年期间,世界平均预期寿命提高了仅仅两岁,从24岁提高到26岁,相比之下,在1820年至1999年不到200年时间内,世界平均预期寿命提高了整整40岁,从26岁骤然提高到66岁!② 工业革命也导致人口迅速增长。在1820至1913年这93年里,西欧人口猛增了一倍,从1.3亿增长到2.6亿以上,而在此前1500年至1820年这320年里,仅增长了一倍多一点,即从0.57亿左右增长到1.3亿左右。③ 在亚洲、非洲和拉丁美洲,工业化所导致的人口增长更大大超过了欧洲。如此迅猛的发展,在工业革命前数几千年的人类历史上是根本无法想象的。因此可以说,工业革命是从西欧扩展至中欧、美国乃至全世界的经济"密集增长"的开始,是数千年来一直"滞缓扩张"的世界经济的一次根本性突破,④是人类演进史上的一次质的飞跃。

---

① 安格斯·麦迪逊,《世界经济千年史》(伍晓鹰等译),北京:北京大学出版社2003,页5、页15。
② 同上,页18—19。
③ 同上,页238。
④ Eric Jones, *The European Miracle*,转引自华勒斯坦,《西方、资本主义和现代世界》,载卜正民、布鲁编《中国与历史资本主义》(古伟瀛等译),北京:新星出版社2005,页15。

伴随经济繁荣的,不仅是生活水平的迅速提高,也是城市化的骤然加速、医疗卫生状况的迅速改善,基础教育的迅速普及,以及先进、高效的交通和通讯技术的大规模运用。城市化加速、教育普及和交通、传播技术进步的意义尤其不应低估。城市化进程的加快使先前分散居住的人口大量集中到一个相对狭小的空间。教育普及使占人口90%以上的男男女女拥有了读写能力(在前工业化社会,一般情况下识字率不超过15%)。大众媒体也因教育的普及而崛起,报纸把最新消息或"新闻"即时递送到能够阅读的个人手里;文艺作品的生产和传播方式也明显不同于前工业化时代,速度和范围更是大大超出前工业化时代。先进的交通手段使出行变得越来越廉价方便,出现了史无前例的巨大规模的人员流动("春运"即这一情形的绝佳写照),同时也产生了规模远大于从前的流动人口。先进的通讯技术更使信息扩散在数量和速度上有了质的飞跃。在电报、电话、收音机、电视和互联网时代,信息的远距离实时传播成为现实。今天,视听信息的全球直播已是家常便饭,任何发生在偏远角落的事件都能被瞬间传播到全世界,栩栩如生地甚至实时地呈现在亿万不同背景的观众面前。传统的距离概念和边缘-中心二分很大程度上已不适用。所有这一切加在一起,使新想法、新思想产生和扩散速度不知快了多少倍,使人类思维的活跃程度不知提高了多少倍。

这一切不可能不反映到政治领域。在工业化、城市化、教育普及、交通通讯便捷的现代条件下,民众已不可能依然像历史上那样被动沉默,而总是要发声,且总是在发声。人类已进入表达的时代。眼下,民众不仅已有表达的权利和意志,更拥有表达的资源和能力,其利益诉求总是要求尽可能地、尽快地得到表达。民众既有了一定的表达权,就会要求更多的表达权。在很多情况下,民众会走上街头以游行或请愿的方式来表达意志,而这往往又是对公共政策的批评,某些情况下甚至可能会出现骚乱。故,从社会治理角度看,民众可能是不乏威胁性的行为主体。既然工业化、城市化、教育普及、交通通讯便捷使民众的主体精神大大增强,他们就不可能继续像君主制下的民或臣民那样,直到活不下去才起而抗争,而总是有意愿和意见要表达,总是有不满、怨恨和愤怒要宣泄。人类已确然进入了权利时代。

面对这种前所未有的情势,率先工业化的欧洲各国必得拿出一套因应的策略。它们发现用压制、镇压的办法来应对民众,不能解决问题,而以协商、妥协的办法来平息事端、维护稳定往往更为有效。它们发现,对民众进行政治赋权是长治久安的根本手段,只有不断扩大民众包括表达权、选举权在内的各种政治权利,不断提升其参政水平,使其真正成为先前排他性极强的"人民"(以英国为例,1832年"改革法案"通过前,有选举权的"人民"是只占总人口3%的贵族或有产者)的一部分,才能根本解决稳定的难题。

四 解决人民难题，克服人民主权悖论

尽管从理论上讲，推进民主（即令是非普选民主），就是扩大对普通党员和普通公民的非普选性政治赋权，但在实际操作中，却存在一个人民是谁，人民主权究竟如何体现事的大难题，姑且称之为"人民难题"或"人民主权悖论"。事实上，在迄今为止的现代政治实践中，人民难题或人民主权悖论并没有一个像样的解决方案。尽管不能说欧美政治实践已很好地解决了问题，但西方民主在实现普选前，毕竟已演进了好几百年（从"大宪章"算起，则有六七百年历史），在解决一人一票制和简单多数决存在的问题方面已积累了不少经验，探索出了一些行之有效的办法。我们对此应进行深入的分析，扬其所长，避其所短，以期后来居上。在作此分析前，不妨先讨论一下究竟何为人民难题，何为人民主权悖论。

何为人民难题？何为人民主权悖论？

现代民主所面临的一个天大难题是：人民究竟为何或人民究竟是谁？你十有八九会有过这样经历：你来到某政府机关办事，发现那里官员或办事人员态度恶劣，于是愤然质问："你就是这样为人民服务的吗？"可他（她）们可能更理直气壮，反问："你是人民吗？"问题正是：你是人民吗？我、你、或他，是人民吗，能代表人民吗？当然不是，当然不能。也许工人、农民等体力劳动者便是人民？也未必。文革中可能有人会这么认为，但文革已结束，更何况在工业化业已实现的情况下，体力劳动者所占人口比例呈下降趋势。是否全国工人、农民、店员、工程师、医生、教师、艺术家、运动员等各行各业的人们集合起来，便能得出"人民"？可政府官员和机关人员又划归何处？没有政府，国家就会散架，如此这般，哪来的人民，只有乱民暴民。放眼望去，茫茫人海，只见你、我、他这样的单子化个人。

在现代民主的实际操作中，主权究竟在谁手里？究竟是谁当家作主？是"人民"吗？如果是，则"人民"在哪里？这些问题殊难回答，至多只有一个大致的答案。所谓"人民"很大程度上只是一种理论或符号的存在，其形式意义远大于实质意义。在古代小国寡民的直接民主中，"人民"或"当家作主"的人们大体上是看得见、摸得着的几千个或几万个公民的集合。相比之下,现代国家动辄有数百数千个城市、数十万乃至数百万平方公里土地、数千万乃至数亿国民。在规模如此巨大的政治结构中,处处只看得见碎片化、原子化的个人,形成共识非常困难。他们因阶级、行业、地区、种族和宗教等背景的差异而可能有着大不相同甚或相互冲突的利益诉求,远不像在古代直接民主中那么容易意见一致。可以说,谁也不知道人民是谁,或人民在哪里。不妨把这种现象称作"人民难题"。

问题还不止于此。一人一票的制度安排虽在形式上把人民抬升到一种前所未有的崇高地位,但从实际操作亦即影响到千千万万个人的利益之实质意义上看,人民至多只可能象征性地"当家作主"。也就是说,在现代普选民主中,人民究竟是谁的问题无解;既然如此,人民究竟是否当家作主了也必然是一个问题。西方民主果真能使千千万万的单子化的公民个人切实掌握权力,行使权力? 未必。一个多世纪以来的实践表明,热热闹闹、轰轰烈烈的大选狂欢刚一过去,或形式上享有主权的人民刚刚行使了几年一次的投票权,立马就依然像在君主制时代那样,仍处于被动消极、悄无声息的状态。真正掌权者,仍是总统、总理、市长、州长和各层级议员等一小撮精英。我们不妨把这种现象叫做"人民主权悖论"。

事实上,"人民"或"人民主权"在普选民主政治操作中大体上只是一些符号,通过一人一票的制度安排,它们赋予执政者以政治合法性,故其功能一定程度与传统意义上的"上帝"、"天命"或"天意"等相当。如果出于争夺选票、打赢选战的考虑,将人民主权概念绝对化、神圣化,把一人一票意义上的人民置于至高无上的地位,其结果极有可能是或左或右的民粹主义,极可能产生这一严重后果,即人民只得到一些眼前的小恩小惠,其长远利益却受到结构性损害。更何况在实践中,"人民主权"很可能与民粹主义的"民意"挂起钩来,因而极可能受到"大规模操纵",因为"支配群众要比支配一群听众来得容易"。①

难怪有西方论者认为,西方民主并非民主,而是"选主",即由操弄选举政治的精英进行统治。② 甚至有西方论者说,西方普选民主是"被统治的民主",而非"统治的民主",即形式上的民主,实质上的寡头政治。③ 因此完全可以说,西方式普选民主在相当大程度上是以对民众进行一种象征性的政治赋权,或者说对形式上的人民主权表达一种符号意义上的认可和尊重,来换取对议员和行政长官的实质统治地位的认可。这就是为何有这种说法:西方民主制徒有一件民主的外衣,本质上依然是君主制,只不过看似民主之政体中的"君主"是总统、总理、首相之类的新型君主,几年一度

---

① 萨托利,《民主新论》,页136。
② 王绍光,《民主四讲》,北京:生活·读书·新知三联书店2008,页69;王绍光,《祛魅与超越:反思民主、自由、平等、公民社会》,北京:中信出版社2010,页216—24。
③ 萨托利,《民主新论》,页102—48。

经选举产生,而非像从前那样世袭。

一人一票不构成人民主权

那么西方的一人一票制是否能圆满回答了谁是人民的问题?按通常理解,西方民主建立在人人平等理念的基础上。基于人人平等理念,欧美国家现在已统统实行一人一票式普选民主。一人一票!这一伟大发明已解决了人民难题,已回答了人民是谁这一根本问题?从形式上看,这种制度的确把人人平等理念落实到政治操作中,千千万万投下"神圣一票"的公民个人便是人民!然而透过现象看本质,不难发现,这种民主其实只是以对民众的少量政治赋权几年一度象征性地重申人民主权至上,至于人民实质上是否拥有了政治权力和地位,则不必追问了。甚至可以说,一人一票式民主的实质就是让人民几年一度投一次票或完成一种通常叫做"投票"的全民仪式,以换取其对统治者实质统治地位的认可。

这就是为什么无论哪个政党执政,其政纲都大同小异,否则根本不可能赢得选举。这就是为什么常常有人认为,现代西方政制形为民主制,实为君主制。也就是说,现代西方民主是一种披上了一件民主外衣,本质上仍然是君主制的制度。其实,即便不被视为披着民主外衣的君主制,西方民主仍是一种精英政治,与古希腊民众权力过大的直接民主有相当大的差异,而造成差异的根本原因在于,这种民主因建立在一人一票、多党竞争的基础上,不可避免地会导致激烈党争、讨好选民、拉票买票、金钱操控等问题。虽然最终说来,中国式非普选民主同样意味着精英政治,甚至很可能更大程度地被视为精英政治,但因不搞多党竞争和普选,而采用其他制约公权力的方略,所以至少可望避免西方民主的这一缺陷。

不妨再跟直接民主作一个比较。在实行直接民主的古代雅典,谁是人民或者说人民在哪里似乎不是问题。可是,古往今来的直接民主有一个显而易见的特点,即实施范围都相当有限,仅在城邦、乡镇、村镇甚或住宅小区等几百人、几千人、至多几万人的范围内实行。在这种情况下,"人民"多少是看得见摸得着的。他们是共同体实实在在的多数,而这个多数基本上就是中下层民众。问题是,现代国家规模太大,人口太多,放眼望去,到处只是碎片化单子化的个人,即有着不同社会经济背景和相互冲突的利益诉求的千千万万的个人,甚至肤色、性别、性取也可能导致明显差异。如此这般,与古代民主可比的人民在哪里?

于是不得不假定,在一人一票的议会和行政首脑选举中获胜的政党背后,便是人民(在较为成熟的议会民主的实际操作中,败选政治派别的权利不仅在理论上,也在实践上能大体得到尊重和保护)。可是,既然搞的是议会选举或行政首脑选举,这便不是直接民主,而是间接民主。在这种民主中,人民不直接参与立法、行政或司法决策,只是选出议员、总统、州长、市长一类人充当其代理人,代替自己做出重要或不那么重要的决定。从理论上讲,人民与这些人的关系应该是雇主与受雇者的关系,人民将自己的权力委托或暂时让渡给他们,让其代为行使自己的权力。问题是,人民不直接行使权力,不就是人民根本没有权力?当人民把权力委托给政治人、官员和法官们时,不就失去了权力?这,正是代议制民主为人诟病之处。可是如果不这么做,现代人还有其他选择吗?中国式非普选民主就是一种选择。

全民公投不构成人民主权

那么公投呢?全民公投不就是人民在真正的意义上行使主权么?既然把议员和行政首脑们抛在一边,直接做出政治决定,公投不就是人民真正当家作主么?在古代雅典,公投是城邦最重要、最关键的决策方式。不仅公民大会用一人一票的方式来决定城邦军政和外交大事,人民法庭也用同样的方法来决定苏格拉底是否该判死刑。可实际情形和效果如何?雅典每四十天便举行一次公投,频度非常高,却未能避免这一重大错误:在伯罗奔尼撒战争如火如荼之时做出攻打西西里的荒谬决定(这意味着打另一场与伯罗奔尼撒战争规模相当的战争),从而不可逆转地走向衰亡。现在情况迥然不同。现代国家规模比古代大得多,政治运作的复杂程度和难度决非古代能比,故极少举行公投(尽管如此,近年来法国、比利时、荷兰就是否批准欧盟宪法草案举行过公投,2014年9月苏格兰就是否脱离英国举行了公投)。

无论在古代还是现代,公投既由人民自己做决断,或者说暂时悬置议员或行政首脑们做决定的权力,它就是一种人民直接行使主权的方式,但从实际操作来看,通常只是在极为棘手的大事如修宪、变更领土主权等重大政治问题或引起争议的重大道德等问题上,才搞公投。公投当然有好处,如可藉以解决重大的政治和道德争议,从而避免棘手问题在议会里久议不决;再如可借以鼓励公民直接参与国家意志的形成,提高其参政水平和政治责任感。但是公投的坏处可能更多。公投虽然一人一票,但投票议题往往被设置为简单化的"是"或者"不是"、"要"抑或"不要",而且以多数人意志为转移,完全可能导致胜者通吃、多数专制和社会分裂等后果,是一种"纯粹的零和决策机制",一种"排除了少数权利的、地地道道的多数统治"的制度,一种"多数通吃,少数一无所获"的制度。①

公投也可能意味着眼下一代人为了暂时的好处而牺牲子孙后代的利益。因为有长远眼光者终究是少数。他们除了具有只有少数人才能掌握的精深专业知识以外,也可能具有一般人所缺乏的探究和思考能力,因而比一般人看得更远

---

① 萨托利,《民主新论》,页130。

更深,得出超越当前一代的短期利益而符合世世代代长远利益的结论或观点。因此,如果采用他们的结论或观点,就更可能形成正确的认识,做出正确的决策。除此之外,公投还往往成为政客们推卸政治责任的手段,这从2012年希腊政府在是否接受欧元区经济援助之事上起初决定举行公投,后来在国际压力下又被迫取消公投之事件上不难看出。因此不到万不得已,不应举行公投。

更需要注意的是,一个现代国家决不可能像在古代直接民主中那样,以公投的方式来处理日常立法、行政和司法事务。公投之所以无法取代这些日常操作,最重要的原因并不在于其功能有限,也不在于其零和游戏的性质,而在于在现代条件下,绝大多数国家比之古代规模庞大得多,组织复杂得多,日常行政操作更是千头万绪,异常繁复,一般人即便有能力也有意愿参与其中,也未必能做到。除了由议会制定法令和法律外,还得由行政机构来实施法令,由司法机关来执行法律。在贯彻和执行法令法律的过程中,行政机构(行政首脑包括在内)和司法机构必须做出大量具体决定,一般公民不可能也不应该时时刻刻参与其中,尽管制度化地征求公众意见以提高决策和施政质量,不仅可行而且必需。

非常清楚,现代民主政治即使并非不可以用公投的方式来解决棘手的问题,也应极有节制,不可滥用。相比之下,非普选民主因主张小范围可控的竞争性公选,所以从一开始便避免了公投的内在缺陷。但这决非意味着公民不能发表意见,表达诉求。在当今中国,公民不仅表达利益的渠道已多元化、电子化、网络化,其活动还很可能被实时转播。在遵纪守法的前提下,公民表达利益诉求的自由度也已相当可观。不难想见,随着非普选民主的推进,尤其随着小范围竞争性公选的推广,公民发出自己的声音,表达自己意见和利益诉求的机会将越来越多,表达效果也将越来越好。

简单多数决存在的问题

即便公投有不少优点,其最突出者似乎是能够让全体人民直接行使主权即参与重大的政治决断,获得一种当家作主的感觉,一种"治人"而非"治于人"、"统治"而非"被统治"的感觉,现代人也不可能为了直接民主而回到古代。更何况人类早在两千多年前便超越了小国寡民,形成了像楚、秦、魏、齐、赵之类的大国乃至秦汉帝国、波斯帝国、罗马帝国或阿拉伯帝国一类超大政治体。如果以罗马帝国灭亡以后的欧洲为例,则从中世纪到近代,在国土规模、人口规模和经济规模等方面,即便英国、法国、西班牙等民族国家,也数十倍上百倍于古代大国雅典,也就是说,它们都是希腊人根本无法想象的超级大国。

现代人也不可能回到1688年前英国或1911年前中国

那样的君主制时代。文明发展的总趋势是不可逆的,想回去也回不去。谁也不清楚,现代文明最终会把人类带向何方,但从已经发生的情形看,现代文明虽造成了不少问题,却也带来了社会生产力前所未有的提升、人类潜能前所未有的释放。因此,就连蒋庆同仁设计其儒家"王道政治",也不敢冒天下之大不韪,完全弃绝现代政治观念。他不搞纯粹君主制,而要搞君主立宪制,提出"儒家宪政"、"议会三院制"及"虚君共和"等典型的现代民主主张。为了实现其主张,他又作了这种安排:从孔子后裔中选出血统纯正的"衍圣公"以为虚君,起一种象征儒家道统万世一系的符号作用,同时扮演英国女王式的仪式角色。① 为什么是虚君而非实君? 原因很简单:若是"实君",除了拣选难度极大,还得制造出亿兆臣民来服从他。这可能吗? 显然,就连君主制这个最直言不讳的现代拥趸也知道,回到纯粹君主制绝无可能。

对于主体性已大大提升的现代人来说,回到雅典式的直接民主或前现代英法或中国样式的君主制度,都既不可能,也非其所愿。在这些前现代制度中,人口主体并非现代意义上的人民即权利意识极强且已然享有很多重要权利的人们。更何况前一种制度只可能在小范围内实行,不仅只有少数公

---

① 蒋庆,《王道政治与儒教宪政》,自印本 2010,页 96—143、223—331。

民享有政治权利(妇女、奴隶和外邦人被完全排除在外),而且公民的很多社会经济权利也受到严重压制。① 在后一种制度亦即君主制下,人口主体是民而非人民,其政治权利即使不能说没有,也很有限,其很多经济和社会权力更得不到保障。尽管谁是人民的问题难以回答,让人纠结,但没有疑问的是,人民是一种现代现象(详第三章)。

在公投这种民主形式中,是否能看到实实在在的人民? 如前所述,公投可能导致多数专制、人民分裂。作为一种零和游戏,从理论上讲,公投可以否决多达49.999999%的投票人口的政治意志,将其排除在人民之外;即使采用三分之二多数制,以之出决定的数量依据,也仍意味着三分之一人口被排除在外了。考虑到现代国家的超大规模,这三分之一可达到几千万人乃至几亿人之庞大数目。很显然,公投并不能有效地回答谁是人民的问题。

不仅公投不能有效回答谁是人民的问题,其他一人一票式的多数决办法也不能。以美国总统大选选区代表制为例。假定大选在一个3000万人口的选区(如加州)进行,有1500万公民投票。一候选人如果获得751万张选票,即令比得票仅次的竞争者仅多出一票,也胜出。这意味着,全选区所投的1500万张票最后全都为他所得,因为投给另一位候选人的7499999张选票已统统成为废票。这不是一种类似于公

---

① 参阮炜,《不自由的希腊民主》,第七、八章。

决的胜者通吃的制度,是什么?那另一半选民就不是人民了吗?他们在何种意义上行使主权了,在何种意义上当家作主了?

人民是否可以由其他形式的投票选举中的多数构成?民主不就是以简单多数原则做出政治决断,或者说以此原则选出人代和行政首脑替人民做决定吗?多数服从少数似乎再自然不过了。事实上,各种形式的直接民主,包括全民公投在内,都建立在一人一票、少数服从多数的原则上。可是,人类为何又发展出三分之二多数决或四分之三多数决的表决方法?在美国,为何参议院批准条约等需要有三分之二多数票才能通过?为什么假如总统或州长已否决某个议案,要使它在议会获得通过,最终成为法律法规,也要求三分之二多数票?这难道不是因为意识到简单多数决很可能造成严重后果,而对之所作的制度性节制?很显然,采用三分之二多数决,所作决定的代表性和稳妥性好过简单多数决。如果说西方民主中真有什么人民主权,或者说人民真能当家作主,三分之二多数决大概是最接近的了。

但这并不意味着多数专制问题已得到解决。通观人类历史,多数压迫甚至屠杀少数的例子比比皆是,罄竹难书。多数迫害少数、灭绝少数之事不仅在历史上曾频频发生,即使当今时代也仍在发生。当然可以说,这些多数压迫和屠杀少数的极端例子并非民主的多数决制度所造成的,而是任何国家政治秩序遭到破坏都可能出现的结果,但无论是哪种情形,可以肯定的是,多数决很可能导致多数暴政。苏格拉底被雅典人公投处死便是多数暴政的著名例子。情形同样严重的还有前406年雅典六千人的民众法庭以公投方式判处刚打了胜仗的八位将军死刑(其中六人被执行),理由是他们未能找回战斗结束后遇风暴罹难的将士尸体。①② 事实上正是出于对多数专制的恐惧,正是由于对以简单多数决作重大决定所可能产生的危险有清醒的认识,尤其是对于以简单多数分配政治权力的危害性有清醒的认识,欧美各国才纷纷从制度设计上对之进行制约和矫正。

即便暂不考虑多数统治有何哲学理据,投票程序设计如何,采用何种投票方法,主持投票的人有何种政治倾向等都可能对投票结果产生重要影响,多数决本身并不能保证所做

---

① Thomas C. Brickhouse and Nicholas D. Smith (ed.), *The Trial and Execution of Socrates: Sources and Controversies*, Oxford: OUP, 2002, p. 57n.

② 除发生在人民内部的多数暴政外,雅典人还以多数决方式做出决定,对其他城邦的人类实施屠杀或发动战争。前416年,雅典人对伯罗奔尼撒战争中保持中立的弥罗斯岛居民实施灭族性屠杀,便是人民大会多数决定的结果。(修昔底德,《伯罗奔尼撒战争史》5·7;Leo Strauss, *City and Man*, Chicago: Rand McNally and Company, 1964, pp. 192—209)前415年,当伯罗奔尼撒战争正如火如荼进行时,雅典人民大会通过远征西西里岛的决议。这意味着,在没有任何站得住脚的理由且仍与伯罗奔尼撒同盟处于交战状态的情况下,对大体上保持中立的西西里发动新的一场规模与伯罗奔尼撒战争相当的战争,企图吞并那里的土地、掠夺那里的和财富。结果雅典全军覆没,死两三万人,两名将军被斩,自此元气大伤,一蹶不振。

之决定正确或合情合理。还有论者说,"多数决原则只是一项便利的法律规则,并不包含内在的伦理有效性。"[1]也就是说,多数决只具有方法或工具意义上的合理性,却并非必然能做出合乎道义的决定,即并非必然价值意义上的合理性。这再好不过地解释了希特勒、墨索里尼一类人为什么能够借民主程序赢得全民大选。常识表明,民主程序中的多数决方法不仅无法保证永远都选出合格的行政首脑,也无法保证永远都选出合格的议员或人民代表。

驯化粗陋民主

如前所述,多数决原则不能保证所做的决定永远正确,或永远都能选举出合格的首脑或人代。但这一观察无法回答这一问题:为什么不仅在古今民主政体中,多数决都是基本决策原则,就连在君主制下,君主们所作政治决定也包含多数决成份? 事实上,即便在古代君主制国家,如果君主个人所颁布的法律或命令由于考虑到多数人的利益,也由于咨询了诸多有政治才能和政治经验者的意见,就"不一定是独裁武断、朝令夕改"的。[2] 既然基于一人一票的多数决是如此普遍的人类

---

[1] 约翰·吉尔伯特·海因伯格,《多数决原则的历史》(张卓明译),载中国法律史学会编《法史学刊》(第 2 卷),北京:社科文献出版社 2008,页 540。

[2] 同上,页 529。

现象,这就意味着在现代条件下,即便形式意义上的多数决有明显缺陷,甚至可能被党派利益绑架,做出错误甚或不道德的决定,它也仍具一定的合理性;或者说即便简单多数并非总是具有伦理正当性,却可能具有形式上的合理性。

尽管简单多数方式决具有形式合理性,但历史和常识告诉我们,这种方式并非总能做出正确的决定。从美国历史来看,最初进行宪政设计的"建国之父"们并非缺乏洞见,看不见基于一人一票原则的多数决——尤其是简单多数决——存在的问题。他们很清楚,不采用形式上的多数决,别无他法。但他们更清楚,为了使粗陋的民主得到驯化,在实行多数决的同时,还得采用其他制衡机制来补救简单多数决所可能带来的问题和造成的危害。这就解释了为何欧美民主的制度设计无不对多数决原则进行这种或那种限制,在承认多数原则的同时,开出了宪法、一般立法、由独立法官组成的司法机关、违宪审查、总统否决权等多种具有制衡作用的制度安排,某些情况下干脆把简单多数决搁置起来,而采用三分之二、四分之三多数决的方式。凡此种种都是为了对多数决可能的弊端进行制度性的矫正或弥补。

尽管从字面上看,三分之二多数决、四分之三多数决等同样是多数决,但这种安排因大大增加了决议通过的难度,所以必然对简单多数形成强有力的制约。事实上,宪法本身就构成了一种对多数专制的有力矫正。在现代国家,如果公民"有言论、出版、集会、结社、游行、示威的自由"以及"有宗教信仰自由"①等理念不仅能够被人们深信不疑并写进宪法,而且能够从法律法规方面得到切实的保障,那么即便做重大政治决定时采用多数决的方式,宗教、种族、文化、地域、行业等方面少数派的权利也能很大程度地得到保护。此外,决策中若有专业性较强的问题,现代国家通常会交由专门委员会去处理。为什么无论在欧美各国还是在其他现代国家,议会都设有法律、财经、外交、国防、核能、环保等专门委员会,处理相关事务?原因很简单:不说一般民众,就连政治精英如议员和行政首脑们也因缺乏专门知识,而不具备在专业化问题上发表意见、正确决策的能力和资质。

尽管非普选民主不搞西方样式的一人一票的普选,而是把选举活动限制在一个较小的范围,由一定数量有责任心且熟悉情况的党代表、人大代表、在职干部、退休干部等来充当"选举人"或投票者(详第五章),但在选举的某些环节,也并非不可以参照既有民主样式的操作方式。就是说,如果实行三分之二、四分之三多数决更合理,或更可能应对简单多数决所可能造成的弊端,就毫不犹豫地采用这些操作方式,而把简单多数决搁置起来。如此这般,便可望解决现代民主所面临的根本困境,即人民难题和人民主权悖论。

---

① 《中华人民共和国宪法》第三十五条。此《宪法》版本1982年通过,后经1988至2004年多次全国人民代表大会通过的《中华人民共和国宪法修正案》修正。

尊重杰出的个人

也需要注意,除了受到硬性的制度制衡以外,简单多数决方式还必然受到非制度性的矫正。事实上,无论在大选中还是在议会辩论,或专门委员会会议这更小的范围内,强有力的个人在决策过程中都会发挥至关重要的影响。不能说少数善于思考、看问题深刻、有长远眼光、有专业知识的个人正因为其是少数,便不能代表人民,甚至不属于人民。恰恰相反,这些杰出的个人不仅是人民的有机组成部分,不仅完全能够代表人民,甚至可以说,只有尊重并接受杰出个人的正确意见,才能真正实现人民主权。从根本上讲,人类之所以能成其为人类,正是因为做重要决定时能够充分信任和接纳杰出个人的意见和判断。甚至可以说,这是人类在漫长进化过程中所培养出来的一种物种习性或基因倾向。事实上在很多情况下,出于对协调行动之必要性的考量,不同国家、不同种族、不同时代的人们都会表现出"讨论、退让和妥协的倾向";由于这种倾向的存在,做决定时,多数人会给少数派甚至某些个人以"商谈和辩论的机会";既然如此,少数派甚或个别人的声音是完全可能"被听到并可能说服其反对者"的。① 如此这般,简单多数原则岂不就被进一步淡化了?

---

① 海因伯格,《多数决原则的历史》,《法史学刊》(第 2 卷),页 540。

以上讨论表明,由于现代政治运作的极端复杂性,简单多数只可能是一个大致原则,而并非在任何具体情形和场合下都适用。以此故,对简单多数决的制度性和非制度性制衡显然是有利于个人在决策中发挥重要作用的。故有论者说,"要取得英明的决定,最终得依赖于该团体中的个人,必须充分利用最佳的个人判断。"①尽管出于投票的方便,应该假定每个人的判断都具有平等的价值,然而在很多情况下,尤其是在专业性较强的问题上,个人专业知识对于做出合理的决定至为关键。事实上,在实际政治操作中,多数决原则无论多么重要,无论其具有何种形式合理性,都是不可能不被修正的。甚至可以说,简单多数决原则必须被修正,在很多情况下甚至必须被摈弃,现代民主方能成立,方能操作。这就意味着,一人一票的方法不仅不那么神圣,在很多情况下甚至没有意义。

由于简单多数决原则在实践中不可能也不应该被彻底贯彻,所以有了这种看法,即代议制民主正是因其代议的性质,根本就不是民主,而是选举产生的"选主";②这种民主是"被统治的民主",而非"统治的民主",③因为在这种民主中,少数精英打着人民当家作主的名义骗取选票、赢得选举后,

---

① 海因伯格,《多数决原则的历史》,《法史学刊》(第 2 卷),页 540。
② 王绍光,《民主四讲》,页 69;也参同作者《祛魅与超越》,页 216—24。
③ 萨托利,《民主新论》,页 102—48。

却对人民实行事实上的君主式统治。"选主"论固然看到了普选民主所面临的根本难题,甚至可以说切中了普选民主的要害,却也有用古代民主来附会现代民主之嫌,更未能看到一人一票意义上的人民主权必导致政客一味讨好选民,不敢说服民众忍受哪怕是短期的痛苦,以出台一些具有长远意义的政策,从长远和根本上加强社会的活力。这种观点也有意回避了雅典民主存在的问题,如对外关系上的掠夺成性、暴虐残忍,又如把占人口95%以上的妇女、奴隶和外邦人排斥在公民之外,再如在公民内部搞多数专制——地米斯托克利、阿里斯提德、客蒙、米尔提亚德一类著名政治人被流放或被"扔进地坑"处死,伯里克利虽侥幸逃脱死刑,却仍被控为窃贼并被罚款,①当然还有苏格拉底被处死,指挥阿吉纽西海战的八位将军被处死,远征途中的统帅亚西比得也被缺席判死等事件。它尤其不能回答:为什么包括中国在内的很多现代国家能较好地克服多数专制的问题。

由于非普选民主不搞全国性大选,而是把正式选举活动限定在一个较小的范围,或者说由一定数量更有责任心也更熟悉情况的党代表、人大代表、在职干部、退休干部、普通党员和公民来充当"选举人"(详第五章),所以较优秀的个人

---

① 柏拉图,《高尔吉亚》,516A 1—2、516D 8—9(此处所用版本为《柏拉图全集》(四卷本),王晓朝译,北京:人民出版社2003年,第一卷);也参宋惠娟,《古代雅典民主政治》,长春:吉林大学出版社1999年,页159、209—10。

更可能在发挥重要的政治作用,这也就意味着更可能公正合理地选拔德才兼备的官员,而非像在普选民主中所常见的那样,面孔英俊的电影明星、能说会道的政客、动辄诉诸极端的街头煽动家更能吸引选民的眼球,更可能赢得选战。实际上,有资质的"选举人"个人得到尊重与贤能的被选举者个人得到选拔是一块硬币的两面,或者说,只有优秀的"选举人"发挥重要作用,优秀的被选举者才可能脱颖而出。不言而喻的是,只有真正发挥好杰出个人的作用,才更有可能克服民主政治所难以克服的多数专制问题,人民才更可能真正当家作主。

保护少数

另一个问题是,为何在中国、美国、英国、印度等大多数现代国家,少数群体不仅能够享有多数群体所享有的种种权利,在某些情况下甚至能享有其所不能享有的权利?为何这些国家大学招生实行少数族裔降分录取的政策?为何印度立法规定公务员招聘必须为低种姓人士保留一定比例的职位,高种姓考生即便考分很高也较难得到职位?这种决定是以公投做出的?显然不是。是少数立法精英做出的。为何有这种多数服从少数的情形?问题也可以这样问:是一人一票之"所有人"参与决策的形式重要,还是决策本身的合理性、正确性和道德性重要?主张在现代条件下搞直接民主的论者显然应回答这些问题,却未能回答。

事实上在现代民主中,人民一人一票选出议员或行政负责人以后,便把手中权力暂时托付给他了;他们选举他是信任他,相信他会按大家的意愿行事,从大家的利益出发做对其负责的决定,包括一些可能损害其眼前利益,却符合其长远利益的决定。从许多国家的情况来看,如果大学招生和公务员招聘等不对弱势群体实行倾斜政策,就不仅有以众暴寡之嫌,也明显不利于社会和谐和稳定。很难想象在一个共同体内,弱势群体因长期受压制变得越来越弱,强势群体则越来越强,该共同体仍能稳定和谐,长治久安。那种看似公平的安排若不区分弱势和强势群体,对"所有人"一视同仁,完全可能产生严重的后果。

在现代民主的实际操作中,在此次选举中大获全胜的党派,为了顺利执政,必得在相当大程度上关照反对派的利益,而在实行比例代表制的国家,获得勉强多数的党派只有同其他党派甚至反对党组成执政联盟,方能执政。所以不能说某个党派由于在某次投票中因得票较少而败北,便不再是人民的一部分。同样的,不能因某个党派在某次大选中获胜,把自己的候选人选为议会多数或国家首脑,便说只有他们才代表人民。更何况那些政治倾向不同于执政党的党派即便未能将其候选人选为政治首脑,通常也能或多或少选出自己的议员来代表其利益,而议会也里总是活跃着代表不同政治立场和政治利益的议员。

如此看来,即便在普选民主中,人民也既是多数又是少数,既"在野"又"在朝",或者说选举政治中的少数或多数、"在野"或"在朝"的身份并非固定不变,而是流动不居的,或者说人民是由持不同甚至相反立场的人们所共同组成的,选举中的多数和少数这两种人共同构成了人民,二者之间并不存在一条非此即彼、泾渭分明的界线。这意味着,多数决原则虽然重要,实际操作中的"人民"却并不等于投票过程中的简单多数。

看清了这一点,就不难明白,普选民主中的人民主权概念很大程度只具有象征意义,或者说主要是一种政治修辞。如果像高福利条件下的西方民主那样,以一人一票形式主义地将之绝对化、神圣化,结果必然是民众短期利益虽能得到满足,其长远利益却必然受到结构性的损害。如此这般,就没有事实上的人民主权可言,有的只是人民主权悖论。中国式非普选民主因不搞一人一票,而是把竞争性公选限制在一个有限的范围,如若操作得当,便可望解决现代民主政制所面临的人民究竟为何或人民究竟是谁这一根本性难题,便可望克服西方民主所面临的人民主权悖论这一根本性困境。

五　非普选民主路线图

以上讨论的虽然是一般性的民主理论问题,如欧美式普选民主以一人一票的形式来体现人民主权问题很大,造成了人民难题和人民主权悖论,再如人民走上前台的时代课题已把扩大政治参与提上议事日程,但实际上已直接或间接地回答了两个关键问题:当今中国为什么必须扩大普通党员和公民的政治参与,为什么扩大政治参与不能搞一人一票的普选民主,而应当在执政党领导下,稳步有序地推进非普选民主。人民既已走上历史前台,不充分尊重其民主权利,不适时对之进行政治赋权,扩大政治参与,大力加强旨在监督和约束公权力的制度创新和制度建设,提高监督和制约的效力,更待何时?一人一票式的普选民主既然不能使人民利益得到根本保证,为什么不可以尝试一下非普选民主?"把权力关进制度笼子","坚持用制度管权管事管人,让人民监督权力,让权力在阳光下运行","构建决策科学、执行坚决、监督有力的运行体系,健全惩治和预防腐败体系,建设廉洁政治,努力实现干部清正、政府清廉、政治清明",以及"要形成科学有效的权力制约和协调机制,加强反腐败体制机制创新和制度保障"云云①,已清楚地表明,在当前乃至未来相当长一段时间,执政党将以前所未有的力度推进中国民主,而这种民主将与西方民主大异其趣。既然为什么要推进民主已有答案,就必须回答这一问题:在当今条件下,如何推进非普选民主。

缩小财富差距,走向共同富裕

任何形式的民主,中国式非普选民主并非例外,都应公正公平地分配社会财富,都应为缩小经济差距和社会差别而奋斗。《大英百科全书》的"民主"词条有这一定义:"任何一种旨在缩小社会经济差别(特别是由于私人财产分配不均而产生的社会经济差别)的政治或社会体制"。② 若采用这一定义,北欧诸国、加拿大、法国、德国、日本和韩国等国因财富分配相对公平而更民主,美国、中国则因贫富悬殊太大而不

---

① 《中国共产党十八届三中全会全面深化改革决定》,十,"强化权力运行制约和监督体系"。
② 《简明不列颠百科全书》,卷6,页5。

那么民主。2011年,我国基尼系数在0.5左右,①而欧洲和日本的基尼系数仅在0.23—0.36之间,②韩国的基尼系数仅为令人羡慕的0.28。③据中国社会科学院一项研究,当今中国一方面"数量众多的低收入群体看不起病,买不起房,供养不起子女上学升学",另一方面却"存在一个私人拥有自备财务高达数千万、上万亿的巨富阶层";中国"巨富人群大概有30万人,占总人口的2.2%,却持有可投资资产9万亿元,相当于全国城乡居民存款20万亿中的近一半"。④

很显然,摆在当今中国面前的一个重中之重的课题,就是要向财富分配较为公平均衡的欧洲和亚洲国家看齐,尽可能地朝弱势群体倾斜,以较大幅度地缩小贫富差距,实现共同富裕,创造真正的和谐社会。贫富差距不缩小,实现善治乃是天方夜谭,我国国力就将因大量贫困人口的存在而大打

---

① 据一项统计,2011年我国基尼系数为0.55(《2011年中国的尼系数突破0.55,成为世界上贫富差距最大的国家》,《中华网》,2013年1月19日)。据国家统计局统计,2012年我国基尼系数为0.474(《国家统计局首次公布2003年至2012年我国基尼系数》,《北方网》,2013年1月19日);而据西南财经大学统计,2012年我国几尼系数高达0.61(《西南财经大学再发报告:中国基尼系数0.61高于世界平均水平》,《中国经济网》,2013年1月19日)。据国家统计局2014年1月20日发布的数据,2013年我国几尼系数为0.473。这一广受质疑,看似明显低于先前的数据,仍大大高于0.4之国际警戒线。
② 崔烜、刘舒羽,《中国基尼系数十年未发　收入差远超国际警戒线》,载《凤凰网财经》2012年1月5日。
③ 杨松林,《做大蛋糕重要,还是分好蛋糕重要》,载《香港传真》,No. 2011—43,页13。
④ 何艳玲,《"回归社会":中国社会建设与国家治理结构调适》,载《开放时代》2013年第3期,页33。

折扣,蕴藏在民族生命中的巨大潜力就得不到有效释放。鉴于当今社会触目惊心的贫富悬殊,在当前乃至未来很长一段时间,推进民主很大程度上就是缩小财富差距,实现共同富裕。一个两极分化、贫富悬殊的国家即便形式上民主了,甚至普选了,实质上仍然是不民主的。所以,缩小贫富差距,实现共同富裕,必须与推进民主的政改同步进行。从根本上讲,这是民主进程的一个有机组成部分,是非普选民主的题中应有之义。

造成贫富悬殊的根本原因当然是私有制,但更直接的原因是一部分人以合法或不合法手段先富了起来,却未能出现邓小平当年所期待的先富带动后富,实现共同富裕的局面。不仅如此,持续多年的快速增长在社会上已养成一种拥抱资本、疏远劳动的风气,中国社会利益格局已发生了结构性分化,崛起了一批经济、政治和知识精英,资本与权势、话语相结合,更产生了滚雪球式效应,结果富者愈富、穷者愈穷,而每一轮通货膨胀、股市狂涨、房价疯涨都会制造一大批新富,贫富差距进一步拉大。再加城乡二元结构所导致的巨大城乡差别,结果是先富非但没带动后富,反而掠夺后富,摧毁后富(尽管国家政策已朝共富方向做了一些调整)。改革开放之初,在大锅饭导致效率低下、举国贫穷的国情下,为了克服效率与公平的矛盾,调动生产积极性,采取效率优先即让一部分人先富起来的政策,是正确的。但是改革开放至今三十几年,年均 9.5% 的增长率已使我国成为一个中等收入国家。如果按购买力平价计算,中国人均 GDP 已达 8000—10000 美元,已不再是穷国。

因此,继续只提"让一部分人先富起来"也不合时宜,甚至有百害而无一益。当今中国的主要矛盾显然已不是效率与公平的矛盾,恰恰相反,是效率与不公的矛盾,即产业转型升级、劳动生产率提升所亟需的消费提升、市场扩展与分配不公、贫富悬殊所导致的内需不振,市场难以扩展的结构性矛盾。很明显,市场经济发展至今,公平与效率的关系已不再是相互冲突,而已是相辅相成。可如果数亿农民为国家现代化做出了巨大的贡献和牺牲,却被体制性地排斥在现代化的成果外,收入仅仅为城里人的几分之一,不仅享受不到城市文化体育设施等公共福利,在医保、社保、低保和子女就学方面甚至遭受歧视,如何提振消费,扩大内需?如果一方面人均收入仍低于世界平均水平,另一方面富人们、裸官们忙个不停地移民出国,买豪宅豪车(中国富豪的奢侈品购买力为世界第一①),如何提振消费,扩大内需?如果经济增长乏力,产业升级艰难,怎么可能不落入"中等收入陷阱"?"崛起"怎么可能不夭折?蕴藏在民族生命里的巨大潜能怎么可能真正释放出来?

贫富悬殊不仅损害着经济增长,也必然危及社会和谐稳

---

① 世界奢侈品协会 2012 年发布的统计报告即显示,"中国人已经成为节假日境外最具奢侈品购买力的消费群体,居全球之首。"《人民网》2014 年 3 月 31 日。

定。如果一方面"蚁族"、"集装箱族"或其他住车棚、工棚、窝棚的穷人"蜗居"城市边缘,苟且求生;另一方面少数富二代、官二代住着宫殿般的豪宅,开着劳斯莱斯、宝时捷豪车,喝着数十万元一瓶的名酒,甚至以种各种方式高调炫富耍威风,这如何可能让广大中低收入者不心生怨恨?如果数量巨大的普通人心怀怨恨,整个社会何以不充满戾气?怎么可能和谐安定?近年来,群体事件此起彼伏,直接肇因虽多为不合理政策、社会不公或官员贪腐,但很难说与日益拉大的财富差距无关。近年来最低工资线和贫困线虽有一些上调,但贫富差距扩大的趋势仍看不到被遏止的迹象。因此无论从哪方面看,贫富悬殊都是当今亟待解决的最严重的问题,无论是从社会和谐稳定着眼,还是从经济转型以摆脱"中等收入陷阱"考虑,都如此。

但是,如果说财富分配格局在很大程度上已经固化,而在当今条件下再来一次革命,开展一种"打土豪分田地"式的均富运动,既不可取也不可能(这要动既得利益的奶酪的,而他们的奶酪几乎是碰不得的),那么如何才能解决贫富悬殊问题呢?

一是要增加居民收入在国民收入分配中的比重。这意味着,各级政府应适当降低投资或扩大再生产的速度,亦即适当降低发展速度(生态压力可藉以缓和),从而把国民收入的更大一个比例用于提高居民的可支配收入,"国民收入倍增"也才可能真正成为现实。与此同时,各级政府应把更多的财政收入用于民生工程,如进一步提高企业退休人员养老金,扩大社会保障覆盖面,提高社会保障水平(包括提高基本养老保险金,提高工伤保险金,扩大医保报销范围,提高医保待遇标准等),尤其要实现农村养老和医疗保险全覆盖。

二是要大力促进就业和创业。在目前国情下,这得靠出台合理的政策并明显增加投入方可能实现。例如,各级财政拨专项经费,以更大规模地推行免费职业教育或职业再教育,帮助农村和城市新生劳动力提升技能,适应迅速变化的就业市场;再如,大力扶持能带来大量就业机会的小微企业,这不仅需要国家财政有更多投入,同时要求国有银行针对小微企业出台较为宽松的贷款政策,降低贷款门槛,而非一味市场至上。

三是要大力缩小城乡差距,这不仅意味着有更多的农民移居城市,更意味着应大力推进农村基础设施建设,加大对污水和垃圾处理系统、交通网络、供电设备、互联网设备等等建设的投入;尤其重要的是,要增加对农村教育的投入,不让农村孩子输在起跑线上,这意味着,应提高投入的水平,以让农村学生拥有更好的师资、更好的课室、更好的体育设施,同时出台照顾好农村留守儿童的专门政策,并为此投入专项经费。

四是要加强财税调节。在这方面,我国应向北欧诸国学习,采用累进所得税和转移支付之税收和分配制度,使社会各阶层最终所得趋于均等。这意味着,在初次分配即工资收入上坚持效率优先,贡献大者多得;在再分配中进行适当调节,收入高者纳税比例也高,从而使各阶层最终所得差别不大。实行这种税收和分配制度,首先得有健全的法治。这恰恰是我国的短板。所以,在继续推进法治建设的同时,要使不同收入群体纳税比例合理化,不仅要提高所得税起征点,使之朝有利于低收入群体的方向倾斜,还应有其他制度安排,如引入发达国家实施已久的遗产继承税、以慈善捐款抵税或减税的制度,以使富人掌握的资源更多地进入再分配;再如加大转移支付的力度,并切实改进转移支付资金的分配和使用机制,使之真正向贫穷地区的农村弱势群体倾斜,使之真正从中受益,得到发展机会。

五是要摒弃一味做大做强国企的陈旧思路,[1]发动新一轮市场化改革,将更多的民间资本引入国企,尤其是非战略性的垄断国企,使其持股和管理结构发生变化,从而打破其垄断地位。多年来,国企在经济增长方面虽然功不可没,但垄断性国企背靠国家获取行业暴利,市值高达股

---

[1] 企业的国有性质并非一定得以高比例持股来体现。在近几年的改革中,大量巴西国企由直接持股转变为间接持股,并通过广泛持有各行各业私企的股票,由大股东变成了小股东。但是,巴西国企的影响力非但没有因此减小,反而有所增强;国企不仅仍是国企(巴西国企市值仅占股市总市值的4%),反而效率更高。这是因为持股结构发生变化后,国企就不再拥有垄断性权力,当权者就无法再搞裙带关系,慷国家之慨,照顾"扈从"、"食客"或亲戚朋友,而不搞裙带关系,其市场竞争力就必然提高。参'Choice of Models: Themes and variations', *The Economist*, January 21st—27th, p. 12。

市总市值的80%（相比之下，同为新兴国家的巴西国企市值仅占股市总市值的约4%），排斥提供了90%以上就业的民企，挤压其生存空间。垄断性国企因其垄断性质而缺乏创新动力，不仅效益不佳，①更会助长体制性腐败和非公平竞争，不仅拖累整个社会的劳动生产率，更会进一步加大贫富分化。令人欣慰的是，十八届三中全会公报将市场提到前所未有的高度，国企改革的攻坚战已经打响。不难想见，无论是一般意义上的富人还是垄断性国企，都是既得利益者，决不会轻易把口中的肥肉吐出来，所以改革势必极其艰难，这对执政党来说无疑是一次至为严峻的考验。

这里，不妨再看一看北欧诸国、德国、法国、加拿大、日本和韩国等国的情况。如我们所知，这些国家的财富分配比我国公平得多，基尼系数比我国低得多，而与此同时，其人均收入水平却明显高于我国，经济社会发展水平也明显高于我国。韩国的例子尤其能够说明问题。即便在1960年代即韩国经济高速发展时期，其基尼系数也维持在一个较低的水平。1987年启动充分民主化进程以后，一方面国民经济继续迅速发展，另一方面加大了对公权力的监督制约力度，提高了行政管理透明度，制定了有效的反腐败专门法，建立国

---

① 据统计，2012年沪深股市最大"败家子"全都是国企。由"中国远洋"领衔，十大巨亏企业2012年度合计亏损金额高达497.24亿元，全都为央企或地方国企。《凤凰网》2013年4月28日财经版。

际组织、政府部门、民间组织和个人之间多方互动的反腐网络,从而有效地打击了贪腐行为,使基尼系数持续下降,及至2000年,基尼系数已是令人羡慕的0.28。①

十分清楚的是,要有效降低几尼系数,就必须稳步扩大政治参与,提高所有不在权位者即普通党员、普通公民尤其是弱势群体的发言权。据中共中央组织部发布的信息,中共中央在筹备十八大的过程中提出了"两增两减",即"省区市和中央企业系统代表中,生产和工作第一线党员所占比例从十七大时的一般不少于30%,分别增加到一般不少于32%;党员领导干部所占比例从十七大时的一般不超过70%,分别减少为一般不超过68%。"②这种措施有利于让弱势群体更大程度地参政,从理论上讲应能起到缩小贫富差距的作用。可为什么不以更大的力度来实施"两增两减",让更大比例的草根民众参政呢?这么做,可以使我国财富分配更早变得公平合理,贫富悬殊更快也更有效地得到解决。此外,还应推进企业管理方面的民主改革,放宽对工会的限制,使其不必总是与主流"维稳"立场保持一致,而能真正与资方展开博弈,真正起到保护和争取劳方权益的作用。

---

① 李娅、刘宁,《基于公平的初次收入分配差距问题研究》,载《理论学习》2010年8月,页20;也参上引杨松林文章。
② 《差额选举比例提高:官员代表减少,工人、非公工人代表增多》,载《21世纪经济报道》2011年11月3日。

去大政府主义,建有限政府

要推进民主,也必须回答民主与国家的关系问题。国家对于任何形式的民主来说都极其重要。没有适当的权力集中和有效的政府组织,任何民主都没有意义。问题是,中国与世界大多数国家不同,有无与伦比的政治统一历史,更有悠久、强大的国家传统,1949年以后这些传统在现代技术条件下更是得到了前所未有的放大和加强。事实表明,大一统的历史遗产和文化心态很大程度上导致了大政府主义的盛行,而大政府主义不可能不侵害社会利益。它导致政府掌握过大权力,对经济活动进行过多干预,对社会事务同样大包大揽,从而造成了贪腐猖獗,贫富悬殊,官民矛盾激化、教育领域官场化和衙门化等严重问题。[①] 经过三十几年高速发展,我国的自我期许早已不仅只是脱贫,世界对我国的期待也早已不仅只是喂饱肚子,管好自己。在可见的将来,承担起领袖国家的责任,是经济总量必将世界第一的中国的命运。要扮演好这一新角色,首先必须驯服"利维坦",解决公权力未能受到应有约束的问题。要驯服"利维坦",要克服大政府主义,就得大力推进非普选民主,舍此

---

① 夏耷(阮炜笔名),《大学官场化危害远大于学术造假》,《民主与科学》,2011年第9期。

别无他法。

驯服利维坦,就是要在避免大政府主义的害处的同时,最大限度地驾驭它、利用它,构建一个有限却有效的政府,一个受到有效监督和制约,守其分尽其责的政府,一个不仅不过多干预市场,而且尽可能创造条件让市场充分发挥作用的政府。应该说十八大以来,执政党出台了一系列举措深化行政审批制度改革,加大简政放权力度,推动政府职能的转变。这是令人鼓舞的。尽管如此,以发达国家和新兴国家标准来衡量,我国在政府简政放权以更大程度地发挥市场作用方面,还有很长的路要走。比如政府主导的投资项目审批等事务,可以完全交给市场,或者说事前审批改为事后备案,这样就能切实减少政府对微观事务的管理,增大企业的投资自主权,更好地发挥市场的作用。① 再如,目前高教管理部门对高校的管制可谓无微不至,面面俱到,在全世界独一无二,无出其右者。但效果如何呢? 一方面是"**XX 级研究基地**"、"**千百十人才培养计划**"、"**博士点申报**"、"**博士后流动站**"、人文学科"**重大项目**"等令人眼花缭乱的发明,②另一方面却是众所周知的学术 GDP 虚高,学术腐败猖獗,学术造假泛滥,与我国经济的卓越表现极不般配。很显然,执政党在高

---

① 参申世军,《简政放权稳增长对于当前形势的重大意义》,《中国青年报》2013 年 5 月 26 日。
② 阮炜,《人文学科不能项目至上》,《大众日报》2014 年 4 月 3 日。

教领域也应简政放权,参照发达国家和新兴国家的做法,无为而治,给高校以更大的自由。这就需要进行大刀阔斧的制度改革,转变高教管理部门的职能,变管制和干预为服务,同时让市场发挥更大作用。例如,一定程度地放开博士点申报,让市场说了算。假如某校某专业资质不足,招了博士生,但因所培养"博士"质量太差,面对质量更高的博士竞争就不了业,或不能专业对口地就业,就不可能源源不断地有好学生再来读博,这样该校该专业就得停招博士生了。

应看到,尽管有简政放权的举措,目前我国政府仍过于强势,而土耳其、巴西、韩国和南非等新兴国家在政府自我约束以及人民对政府的监督制约方面做得更好。因此,目前最紧迫的任务,就是大力加强对官员监督和问责的机制,从制度上保证政府的自我节制和人民对政府的监督和制衡,同时大力加强官民沟通、舆情收集和政策听证等机制。这就意味着,尊重人民的"知情权、表达权、参与权、监督权"不能只停留在口号上,而应落实为实实在在的行动。具体说来,在选拔党政领导人的过程中,应实行货真价实而非形式主义的竞争性公选,在一定程度上已经实行竞争性公选的地方,应大幅度加强推选的竞争性成份,并把成功的经验由点到面推开来。惟其如此,才可望根本改变许多官员只向少数上级领导而非向人民负责的现状。这就是为什么要推行非普选民主的最根本原因。很显然,推行非普选民主尤其是推行竞争性公选的根本目的,不是为民主而民主,是为了有效监督和制约过大的政治权力,以构建一个有限的政府,而构建有限政府的根本目的,又是为了建设一个廉洁高效的政府。

要去除大政府主义,也应扩大"民间组织"即非政府组织的生存和发展空间。近二十年来,非政府组织在扶贫、救灾、环保、助教、助残、增加就业和法律援助等方面为中国社会提供了大量公益,打破了计划经济时代社会公益完全由国家来提供的局面,对于弥补政府施政的不足,扩大公共空间,创建稳定和谐社会起到了有目共睹的巨大作用。可是,我国对非政府组织的管控虽一直在放松,但比之国际通行做法,仍太过严苛,不说一味打压,至少是防范有加,生怕其演变成一股异己力量,其公开筹款活动更几乎被完全禁止。在今后改革中,应进一步放松管制,降低非政府组织的注册门槛,同时松绑其筹款活动,甚至加大对其资金支持。非政府组织虽不具通常意义上的政治性,但赋予其更大生存和发展自由,必有助于克服大政府主义,创造更大的公共空间,使我国走向更广阔的公民社会,而公民社会的兴盛正是现代国家成其为现代国家的必要条件,是其繁荣昌盛、长治久安的必要条件。

小范围、可控的竞争性公选

如前所述,由于我国有着超大的国家规模和无与伦比的大一统历史,政治稳定和国家统一刻写在民族基因里成为全民共识。不仅如此,我国还有运行了大半个世纪的超稳定的党政一体格局,执政党的权威得到了全民的认可和尊重。这一切意味着,如果搞全民普选和多党竞争,难度将极大,没有任何一个国家可比,也没有任何先例可循,甚至是根本不可能的。所以,唯一可行的路径,是执政党领导下有条不紊的竞争性公选、言论开放下的舆论制衡,以及领导干部财产公开、政务信息公开、公共信息透明、党内问责和行政问责等"基层民主"意义上的监督制约。① 这里最关键的一点,还是公开公正的竞争性推选。

这是因为只有搞推选,尤其是真正具有竞争性,而且是与真正有效的舆论监督结合起来的公推公选,才可能革除把选官队伍局限在一个太小范围所产生的弊端。问题是,这样的政治实验没有现成的经验可供借鉴,效果到底如何,谁也没有百分之百的把握。所以,只能摸着石头过河,走一步看一步。本着对人民负责的精神,竞争性公选开展以后,如果效果不那么理想,也并非不可以调整,甚至必须做出根本性改变也未可知。即便失败了,也并非不可以另起炉灶,推倒重来。甚至完全抛弃本论所谓非普选民主概念,实验一下其他样式的民主,也未尝不可。既然如此,为什么不可以像建

---

① 此处参阅了郑酋午,《欧美和中国分别需要什么样的改革》,载《改革内参》(中国经济体制改革杂志社)2011 年第 43 期,页 45。

立经济特区那样,建立一两个规模不那么大的"政治特区",谨慎地实验一下执政党领导下的小范围竞争性公选?①

但搞竞争性公选,首先应当弄清楚的一个极重要的问题是:由谁来选谁。这里的关键在于第一个"谁",即实际参与投票的人。从以上讨论可知,在当前国情下,若把一人一票制度安排绝对化,很可能把人民形式化,得出一个至为神圣却又抽象悬空以至完全失去意义的"人民";以之作为选举主体,即使不产生法国大革命或文革式的灾难,也不太具有可操作性,或根本不具有可操作性。甚至可以说,在当今中国,即使不搞多党制,而实施一种让全体党员和公民直接选举国家首脑的越南式选举,也不合适。所以,在谁是选举主体或"选举人"的问题上必须首先形成共识。唯其如此,非普选民主改革才能顺利进行。

在村镇,选举的主体无疑是党员和非党公民。他们参与村镇的管理是可行性的,因为村镇作为治理单位,通常很小,可以说是我国最小的治理单位,因而村镇居民对村镇事务比较容易了解,直选村镇干部可能问题不大。但县、市、省乃至中央情况大不相同。在这些层面开展党政主要负责人直选,操作难度很大,且可能级别越高难度越大。甚至在高校直选校长和党委书记也可能有问题。在一所中等规模的大学,一

---

① 有论者认为,推进民主可以考虑"划区选点、逐级直选、自下而上、由点及面"。参吴稼祥,《超大规模国家的民主化路径》,《财经网》,2012年12月29日。

般教师和员工最多只了解所在学院的情况,至于其他学院乃至校级党政的事务,即便有热情和精力去了解,也无从了解。如此这般,直选校长和党委书记,如何保证选举结果的合理性?县、市甚或省又比高校的规模大得多,情况也复杂得多,一般党员和公民更不容易全面准确地了解情况。如此这般,假如让普通党员和公民以票决的形式直选党政领导人,如何保证选举结果的合理性?

怎么办?答案是:不搞直选,更不能搞全民大选,但也不能继续让选拔官员的关键权力局限在一个太小的范围。应尝试由一定数量的党代表、人大代表、在职干部、退休干部、普通党员、普通公民做"选举人",由他们公开、公正、透明地推荐候选人;①用这种方法产生候选人的初步人选以后,就应收拢权力,召开党委和人大常委会或其扩大会议,从候选人中选拔出最后拟任人选。这么做,不仅可望避免直接选举党政领导人所可能产生的问题,更重要的是,比之目前的做法,可以显著扩大选官队伍,让为数不小熟悉情况的普通党员、普通公民、党代表、人大代表、普通干部、退休干部等参与到选官活动中来,从而不仅可望保证"选举人"的代表性,而

---

① 值得赞许的是,本文作者所在的深圳大学在2013年5—7月的党委换届中,就程序而言一定程度地恢复了党内民主。其方法是,由党委组织部提名,基层党组织按党员人数比例(支部或总支)经多次投票选出若干党代表,再按组织部门的提名,由党代表投票选出新党委。依然存在的问题是:竞争性和透明度仍不够,参与程度仍太低;不说一般党员,就连经多次选举产生的党代表们也对最终选举结果非常漠然。

且可望充分保证选举结果的合理性。

湖北襄阳公开选拔党政正职负责人的方式非常值得关注。2011年9月15日至18日,襄阳进行了8个县(市)党政正职的公推差选,从400多名候选人当中选出3名县委书记、5名县(市)长的拟任人选。这次推选活动的第一轮是"海推",有150人参加推荐,产生16名候选人。接下来一轮是实名推选,有54人参加推选,产生12名候选人。然后是"五量化"和"五分析",即对候选人进行民主推荐、民主测评、民意调查,并结合近三年的年度考核和素质测试,对其进行量化评分并排序,同时对他们的得票情况、德才表现、工作实绩、工作经历和发展潜力、存在的问题和不足进行分析。公示后,8名正职正式产生。① 从襄阳经验来看,公推差选活动最初只是在乡镇层面举行,后来才扩展到县(市)层面。

很明显,襄阳方式与西方意义上的普选民主大异其趣,却较为符合中国国情,对于解决选官队伍局限在一个太小范围,遏制用人上的不正之风,不失为一种可能的解决办法,或一种有启发意义的政治实验,公权力由此受到的监督约束应该比先前更为有效。值得注意的是,候选人的推选权虽然仍局限于一个较小范围,主要为党政干部、党委委员和部分老干部,但已扩大到基层党代表。当然,襄阳公推公选也有不足之处。

---

① 参《襄阳试水公推差选县级一把手 会议秘密避免贿选》,载《新京报》2011年12月21日。

如在一个数百万人口的行政区里举行8个县(市)党政正职的选拔,只有一百多人参加推选,代表面太窄,代表性必受影响。再如为了避免拉票、贿选,推选会的保密措施太过严苛,公众难以了解情况不说,还势必把舆论监督排除在选官过程之外。公开性和透明性既然不足,公正性就难免打折扣。

是否可以由各县(市)分别举行选举,让更多党员和公民参与选官,实质性地扩大代表面?例如,在一个60万人口的县份,在党代会和人大制度柜架内进行5名党政领导人(行政职位一正二副;书记一正二副,其中一位副书记由行政正职兼)的公推公选。

第一轮选举,由党委常委和人大党委会(或两委扩大会议)联合提名20位候选人,然后由一个1000人的"推选团"从中选出10人,当场唱票,公布推选结果;"推选团"成员为责任心强并熟悉各方面情况者,按比例从现任党代表、人民代表、政协委员、行政干部、公检法负责人、前任党代表、两会代表、退休干部,以及责任心强并熟悉情况的普通党员和普通公民中抽签产生。第二轮选举与第一轮选举同日进行,10位候选人当众陈述其施政意向和施政方略,然后由一个100人"推荐团"对他们进行公开质询,候选人答辩。答辩结束后由"推荐团"从中推荐7位候选人,当场唱票并公布推荐结果。为了保证"推荐"人具有较好资质和较强的代表性,"推荐团"一部分成员可按比例从"推选团"成员中挑选,由党委常委会和人大常委会(或两委扩大会议)联合提名,投票生产,一部分成员

(如百分之五十)可再次从现任党代表、人民代表、政协委员、行政干部、公检法负责人、前任党代表、两会代表、退休干部以及有资质的普通党员和普通公民中抽签产生。接下来是一个收拢权力的环节,即"五量化"和"五分析",由现党委和人大常委主任、副主任组成的联合委员会对7位候选人进行民主推荐、民主测评和民意调查,并结合近三年年度考核和素质测试,对其进行量化评分并排序,与此同时对其得票情况、德才表现、工作实绩、工作经历和发展潜力、存在的问题和不足进行分析。所有考核程序完成后,由党委常委和人大常委主任、副主任组成的联合委员会从7名候选人中选出5名拟任人选。这一环节也应包括7名候选人向联合委员会陈述施政意向和方略,委员会质询,候选人答辩,委员会投票之内容。在整个过程中,"推荐团"和"推选团"全体或部分成员都可以列席观察与监督。最后一个环节是公示。

1000人"推选团"和100人"推荐团"成员均在公推公选举行前一天产生,产生之后其通讯手段应立即关闭,同时采取有效措施严禁任何人进行任何形式的拉票。公推公选的过程必须是程序公正、公开和透明的,否则整个选举活动便很难说公平,甚至失去了意义。所以,应当有相当数量(比方说数百人)的非党政干部、非"推选团"非"推荐团"人员即一般党员、一般公民作为观察者和监督者在场。即便如此,操作中仍可能只有很小一部分普通党员和公民实际到场,所以应当使用各种媒介如广播、电视、微信、微博等对选举过程进行实况转播,以使为数众多的普通党员和普通公民有机会观看、收听、监督整个过程。① 这就意味着必须公正、公开和透明地选举党代表和人大代表,因为他们出头露面机会多,"推选团"和"推荐团"成员必然主要从他们当中产生。这又意味着党代表、人大代表的产生方式必须摸索出一套循序渐进、有条不紊地扩大普通党员和公民政治参与的办法来。

襄阳式竞争性公选若能大体上取得成功,就可以开展全体党员直选党代表和党的负责人的实验。若觉得这太过激进,也可以实验用抽签办法产生一个大型公民"推选团",人数可达10000人甚至更多,再由这个较大的"推选团"公选人民代表和行政领导人(这两种选举可以同步进行)。如果选举效果不太理想,完全可以总结经验教训,改进方法,甚至完全推倒重来也无妨。不难想见,如果能够把公推公选的实际操作与社会舆论监督结合起来,将不仅明显提高普通党员和公民的参政水平,对公权力形成更为有效的监督制衡,也能有效防止西方式普选民主常见的政党恶斗、拉票买票现象;如果能够能加以完善,更可望开出一

---

① 实际上,政治运作过程公开在我国已经有先例可循:"在1986年人大常委会审议破产法草案,央视就播出人大会场的辩论实况。2007年,浙江省乐清市人大曾创造'广场政治'模式,人大代表对政府施政独立调查,人大常委会对'一府两院'一年三审,大量公民代表坐在听众席,并通过电视和网络直播。这种政治运作过程的公开,对全国观众是最好的民主政治训练,对人大代表和官员,是一种真实的压力机制。"参戴志勇,《革新'两会'制度,改善政治参与》,载《南方周末》2013年1月31日评论版。

条迥然不同于西方的民主道路——即一条可避免恶性党争、政党压倒社会、人民根本利益得不到维护的非普选民主道路——来。

襄阳党政干部公推公选在我国历史上并非第一次。近年来,干部人事制度改革一直在推进。乡镇和区以上党政干部的公开推选已在安徽、江苏、浙江、云南、贵州、福建、吉林以及北京、天津、深圳等省市试验过。2011年8月,四川举行了省副厅级、县(处)级干部"统筹公选",公推公选职位达249个,涵盖21个市(州)、13个省直部门和15所省属高校。① 但像襄阳那样党政一二把手大面积公选,似乎还是第一次。如果襄阳式竞争性公选证明确实行之有效,政治改革的下一步便是在改进现有公选形式,扩充选官队伍的基础上,进一步扩大选举范围,提高选举层次,把局部经验由点到面推广开来,同时大力提升推选的竞争性、透明性和公开性。再下一步,便是省级党政正职的竞争性公选。走好了这两步,就可在国家层面举行总书记、国家主席和总理的竞争性公选。当然,后两步也可并为一步走。

其他形式的监督制衡

上述公推公选方式仅仅是一种建议。如果能够实行且

---

① 《四川公选直击》,载《中国共产党新闻网》2011年10月20日。

取得成功,就可以在一定范围内推广。但中国是一个国情极复杂的超大国家,各地人口构成和经济社会发展水平差异甚大,完全可以也应该有比以上建议更合理、更可行的操作方式。在遵循非普选原则的前提下,扩大政治参与的路径可以因时因地制宜,不能搞一刀切。

非普选意义上的公推公选显然不同于西方式普选,因为只有部分党员和公民作为全体党员和公民的代表,直接参与到公推公选党政负责人的活动中来。但是,只要公推公选能真正具有竞争性、公正性、公开性和透明性,只要能真正做到选举过程进行真正的舆论监督,就能具有足够的代表性,就能准确地反映人民群众的意志。正是在此意义上,若操作得当,非普选民主可望比既有民主样式更有效地实现民主和善治的理想。如果能够不断扩大推官选官队伍,使更多的党员和公民参与其中,这种制度就可能不断在实践中得到充实和完善,就可能逐渐形成一种选贤举能、不断产生高质量官员的有效机制。但是,如果因循官员任免权仍然局限在一个太小范围的旧方法,那就不可能开出一种自下而上推官选官的新气象,要有效地监督制衡公权力就十分困难了。如果官员们觉得不必对党对人民负责,而只需遵从少数上级领导的旨意,结果就必然是党和政府的公信力继续遭受损害,就必然继续像中纪委研究室所说的那样:"现在,一些被揭露查处的大案要案,实际上已经存在好多年了,却迟迟未能发现,结果愈演愈烈、触目惊心;有的地方长期存在团伙性的腐败活动,涉案人数很多,活动范围很大,也迟迟未能查处;有的干部刚刚提拔上来,或者刚刚经过考核考察,就发现有重大问题,给我们党的公信力造成了极大伤害。"①

这就是为什么必须扩大公推公选的范围,给更多一般党员和公民以参政机会,以实现对公权力更有效的制约。这当然极其重要,甚至可以说是最为关键的一环,却并非推进非普选民主的唯一途径。除公推公选外,还应该有其他形式的民主监督和制衡。例如,十八大以来开展的"反对形式主义、官僚主义、享乐主义和奢靡之风"运动本身就是一种民主监督制衡的方式,②尽管这种运动式或治标式的整风措施长期效果如何,还有待时间检验。再如,在贪腐案件的处置和查办中,纪委除了向同级党委报告外,必须同时向上级纪委报告,以让上级纪委同时知情,形成更加有力的制约。③

同样重要甚至更重要的是,应加强我国的法制建设,使之向国际上通行的更为规范的做法靠拢,同时汲取我国历史上反贪防腐的有效方略,以"确保依法、独立、公正行使审判权、检察权"。④ 具体说来,应"推动省以下地方法院、检察院

---

① 《中纪委:实行"一案双查" 追责当事人倒查相关领导》,载《中国网·新闻中心》2014 年 2 月 4 日。
② 《中国共产党十八届三中全会全面深化改革决定》,十,"强化权力运行制约和监督体系",37。
③ 新华社电,《中纪委研究室:体制障碍是最大障碍》,载《搜狐新闻》2014 年 2 月 3 日。
④ 《十八届三中全会公报》。

人财物统一管理,探索建立与行政区划适当分离的司法管辖制度,保证国家法律统一正确实施。"①这意味着,省以下地方司法和检查机关将直接对上级司法和检查部门负责,其权力将较少受到同级党政权力的干扰,获得更大的独立性。这种改革完成以后,各级司法和检察部门公权力将变得更加健全,这正是"用制度管权管事管人,让权力在阳光下运行"②最终得以实现的至为关键的一环。

推进民主的方法当然并不止上述几个方面。领导干部财产登记和公开、③对领导干部进行年度考核和任期考核并应以适当方式向党员乃至一般公民通告考核标准、程序和结果、政务信息公开、公共信息透明、纪检信息透明、党内问责、行政问责,等等等等,都可以视为监督性质的"基层民主",亦即非选举意义上的民主制约形式。令人欣慰的是,十八届三中全会召开以来,执政党以前所未有的力度来推行"基层民主",假以时日,应能产生较为明显的效果。与此同时,

---

① 《中国共产党十八届三中全会全面深化改革决定》,九,"推进法治中国建设",32。
② 《十八届三中全会公报》。
③ 财产公开"包括官员财产申报、普查认证、核查公开、监督惩治等基本环节……财产申报可能不准确,所以要靠官员财产普查认证来核实,在内部核查提前处理问题官员之后,将官员财产数据库向全社会公开,开放接受人民群众的查询、监督、举报,按照法律程序,依法查实之后予以惩罚……在建构监控官员财产的基本制度时,也许有必要考虑'老人老办法,新人新办法',对于新考入公务员队伍的人执行严格的财产监控、任前公开,对于'老人'则申报后予以宽免或清退或允许其提前退休,以换上新人。"欧树军,《治理腐败的三重视角》,《社会观察》2013年第1期,页23。

"党政官员应定期接待民众来访、召开由群众代表参加的政策咨询会议、在社区层面召开各种形式的直接民主会议问政于民,及时统计、公布民众意见,并根据大多数意见制定和调整政策。"①只有党政官员与普通党员和普通公民之间建立了良性互动关系以后,才可能真正做到下情上达,政通人和。

与健全法治、推行"基层民主"同样重要的是,应当对各级人大代表和政协委员产生机制进行改革,逐步增加公推公选成份。如果说这种改革实施起来难度较大,短期内甚至难以启动,对现人大和政协的构成进行较大的改革,却完全是可能的。为了更好发挥人大和政协的作用,可以采用世界通行的职业议员制度。这意味着在现阶段,全国人大职业代表和全国政协职业委员比例应不低于10%,省人大职业代表和省政协职业委员也应有合理的比例,并逐年提高,达到一个较为合理的比例。与此同时,完全可以进行相关改革以切实"加强人大常委会同人大代表的联系,充分发挥代表作用",也完全可以通过建立健全代表联络机构、网络平台等方式,密切人民代表与人民群众的联系。只有对人民大会方方面面进行合理化改革以后,方可能"完善中国特色社会主义立法体系,健全立法起草、论证、协调、审议机制,提高立法质

---

① 欧树军,《治理腐败的三重视角》,《社会观察》2013 年第 1 期,页 23。

量",真正发挥人民代表大会制度所本应具有的代表人民的作用。①

在所有类型的监督和制衡中,社会舆论至为关键。近年来,一些重大贪腐事件当事人之所以能被揭发出来,被"双规"并立案惩处,社会舆论(包括网络舆论)所起的作用至为关键。如所周知,舆论监督与言论自由密不可分。言论自由作为最核心和最关键的公民权利,应切实得到尊重、保护和提升。在今后的政改中,除了传达政府立场的主流媒体的正常运作,也应当松动管制,逐步放开对民间媒体如电台、电视台、报刊、出版社、杂志社等的管制,让其发出不同于政府却能对政府起辅助和纠偏作用的合规合法的声音。只有真正保证了言论自由,才可能形成对政府权力更为有效的舆论监督。只有建立起了更为有效的舆论监督机制,竞争性公选和其他形式的监督制衡才可能真正产生效力。

---

① 本段引文出自《中国共产党十八届三中全会全面深化改革决定》,八,"加强社会主义民主政治制度建设",27。

六　非普选民主是大国的必然选择

如我们所知,中国是一个历史悠久、国情极其复杂的超大国家。在这么一个大国推进民主,即便推行一种中国式的非普选民主,难度必然极大。在这么一个大国推进中国式的非普选民主对于中国乃至世界意味着什么,也并非不言自明。所以,谈论大国的民主,首先需要弄清楚,中国究竟是一个何种意义上的大国。"人口众多"、"地大物博"云云显然并不足以说明,中国作为一个超大国家究竟有何内涵。中国显然也不是一个通常意义的"民族国家",像英国、法国、德国或韩国、日本那样,而是一个超大的"文明国家",或者说一个装扮成国家的文明,一个疆域、人口和经济规模相当于整个欧洲的文明。

何种意义上的大国?

作为一个文明国家,历史上的中国规模之大表现多个方面。它有着夏商周以来无与伦比的历史连续性。它用汉字和汉文化将广袤土地上的数十个民族联合统一在一起,且影响遍及整个东亚和东南亚,开出并长时期维系了一种中国为中心的东亚国际秩序,亦称"东亚朝贡贸易体系"。以此故,在国人心目中,至少在鸦片战争以前,中国并不是一个通常所谓的"国家",而无可置疑地是"上邦"、"天朝",甚至就是文明本身。

早在隋唐时代,中国便开出了世界上独一无二的科举制,而科举制是一种不看出身看才能的选人用人制度,在历史发挥了选贤举能的社会政治功能,这就与同时期欧洲国家壁垒森严的封建贵族等级制形成了鲜明对比;而在科举制的基础上,又开出了前现代条件下堪称"现代"的政治体制,形成了庞大、复杂而有效的科层制管理结构。① 众所周知,历史上的中国修建了以长城为代表的无数防御性城墙和以大运河为代表的无数运河沟渠(数量之大,其他国家的人们难以想象)。历史上中国还有无数重要的科技发明,其中火药、印刷术、造

---

① Francis Fukuyama, *The Origins of Political Order*, New York, Farrar, Strauss and Giroux, 2011, p. 20; pp. 110—138.

纸术等等对人类文明的整体走势产生了关键性影响。

现代中国同样有超大的规模。除了有960万平方公里的广袤疆域,还拥有比欧洲、北美和澳大利亚人口加在一起还要多的近14亿人口——近14亿聪明勤劳、锐意进取、极富生产力的人口。目前,中国虽然还不是美英法德日那样的发达国家,但从有关数据看,其国内生产总值在2010年便已达到5.88万亿,超过日本居世界第二位。① 2014年,中国国内生产总值达63.6万亿元人民币,超过10万亿美元,是日本的两倍多,②同时继续是世界最大贸易国。如果采用购买力平价标准,则中国经济总量和综合国力早在2000年(而非2010年)就已超过日本,仅次于美国居世界第二位;③据国际货币基金组织数据,按购买力平价计算,2014年9月中国GDP便已超过美国,成为全球第一大经济体。据有关机构预测,即便按现国际汇率计算,至2020年中国经济总量便可能超过美国,居世界首位。④

据《中国经济周刊》,近年来中国对外投资一直高速度增长,至2012年底对外直接投资累计存量达5319.4亿美元,2014年对外直接投资或超过利用外资规模,至2020年更将达

---

① 《中国GDP》,载《百度百科》2013年2月23日。
② 《世界经济信息网》,http://www.8pu.com,2015年2月5日。
③ 《论中外经济总量比较中购买力平价法的运用及其缺陷》,《维坊学院学报》2011年03期。
④ 《中国经济总量2020将超美》,载《中国新闻网》2013年2月13日。

到1万亿美元。据《金融时报》预测,至2030年中国债券市场将由目前3万多亿美元的规模增长至32万亿美元,整个亚洲金融体系规模可能比美欧加起来还大;2040年以后,中国经济规模可能两倍于美国;至2050年,以中国为首的亚洲金融体系规模可能是西方国家的4倍还多,中国在全球GDP的占比将达三分之一。即便目前中国人均GDP仍很低,达到发达国家水平仍有很长的路要走,但因有良好的人力资本,也因城市化进程远未结束,经济上仍有巨大的上行空间,只要不发生意外,本世纪中期达到中等发达国家水平应不成问题。

这就是为什么国际媒体最近开始谈所谓"中国秩序",中国成为"头号国家"云云。诺贝尔经济学奖得主斯蒂格利茨甚至宣称,2015年世界进入"中国世纪"。

中国规模之大,还不仅只表现在经济方面。文明史上一个最令人惊讶的现象是,各大文明中虽然都出现过大帝国,如波斯帝国、希腊帝国、罗马帝国、阿拉伯帝国等等,但往往延续仅两三百年便四分五裂,一蹶不振,[①]唯独前现代中国是例

---

① 拜占庭帝国虽然维系了一千来年(西元395年至1453年),但同历史上各个中华帝国和其他大帝国相比,其国家规模(即人口数量、经济体量和疆域大小)毕竟小得多。奥斯曼土耳其帝国也持续了六百五十多年(西元1280至1922年),一度拥有相当可观的版图,但人口规模却不能同其他大帝国相比,尤其不能同华夏统一国家相比。罗马帝国虽有七百多年历史(西元前3世纪至西元5世纪后期),但395年便正式分裂为东西两国,更何况从3世纪起便内外交困,危机重重,进入漫长的垂死期。同样能够说明问题的是,罗马帝国衰亡后,欧洲中世纪除了曾有过一个有名无实的"神圣罗马帝国"外,再没有出现过堪与罗马相比的帝国。

外。自西元前 221 年秦始皇统一中国始,在长达两千多年的历史上,全世界唯独在中国大地上出现了一幅王朝更替、绵延不绝的历史景象,在一个巨大地域范围内和一超大共同体中长时期的政治统一。考虑到即使在分裂时期,汉族或非汉族局部政权也拥有巨大的人口规模和经济规模,甚至超过当时其他国家的统一政权,中国历史上的政治统一现象就更令人惊叹了。同样值得注意的是,中华国家不仅有着无与伦比的政治统一历史和王朝更替纪录,同世界上其他国家相比,就在一个巨大的空间内将差异巨大的亿万人口从政治、经济和文化上统一起来而言,其所取得的成绩也是最好的。换句话说,历史上的中国不仅政治统一的时间最长,而且政治统一下的人口规模和经济规模在世界上也无出其右者。

可是,大并非必然强,更非意味着国家只会永远强盛而不遭受挫折。较之工业化如火如荼的欧美各国,18 世纪下半叶以后中国经历了一个迅速衰落的过程。1840 年至 1901 年,在西方和日本挑战下,大而不强的中国经受了诸多屈辱,经历了两次鸦片战争、甲午战败、庚子事变、军阀混战。否极泰来,从辛亥革命尤其是抗战起,开始了文明复兴的过程。抗战胜利以后,经过三年国内战争,中国在共产党的领导下推翻了"三座大山",迎来人民共和国的诞生,从此摆脱了被列强欺凌宰割的命运,自立于世界民族之林。1949 年—1979 年期间,在外部势力军事威胁和经济封锁下,中国长期处于一种近乎战时共产主义的准战争状态,实施了一种政治和经济权力都非常集中的国家战略,也因此取得了了不起大的经济和社会进步。正是在这一时期,中国完成了土地改革,修建了大量农田水利设施,建立一个相对完备的工业体系,建立了一个完整的初等和高等教育体系,甚至在人均收入低下的情况下建立起了一个初步的农村医疗体系,为改革开放后经济起飞和政治进步打下了坚实的基础。

民主对于大国意味着什么?

但正是在实现人类历史上最大规模现代化、工业化的过程中,中国(尤其是前三十年的中国)因政治权力高度集中,党内外民主建设严重滞后。为此我们付出了反右、大跃进、三年灾害和文革等巨大代价。及至文革结束,十一届三中全会召开,中国进入改革开放新时代,一个政治宽松化、初步法治化和广义民主化的时代,在政治上放权、经济上搞活的国家政策和相应社会政策刺激下,全民族的积极性和创造潜力才被极大地调动起来。及至目前,中国已实现工业化,综合国力得到了巨大提升,取得了公认的经济成就和社会进步,赢得了世界的赞许和钦佩。与此同时,人民的权利意识得到了前所未有的提高,民主诉求前所未有地高涨,国际社会也因此对中国政治改革和国家形象有了全新的期待。

经济社会进步所带来的权利意识和民主诉求的高涨既

发生在一个近14亿人口的超大国家,世界对中国民主的期待,便无疑是对一个近14亿人口超大国家的民主的期待。正如中国工业化是人类历史上最大规模的工业化那样——英国工业化结束时人口仅约2300万;美国工业化完成时人口仅约7000万——,中国的民主进程也将是有史以来最大规模的民主化运动。1850年代,当民主化进入快车道时,英国人口仅约2100万,①仅为中国现人口的约1.5%;1860年代,当民主化进入快车道时,美国人口约3100万,②仅为中国现人口的约2.3%。考虑到美国当时已实行联邦制,约3100万人口分布在数十个州,各州又有各自的立法权,则民主化进程中各州人口相对于中国人口来说,就更小了,甚至可小至千分之一以下。因此,在中国这样的大国推进民主,难度之大,实在是史无前例。考虑到多民族、多宗教所导致的明显的文化差异,考虑到地区间发展的不平衡,行业间利益的不平衡、社会阶层之间分配的不平衡,而文化差异和种种不平衡又必然涉及巨量的人口和庞大的既得利益,民主每推进一步,都将牵一发而动全身。这是一场前所未有的浩大试验,没有现成样板可资模仿,只能摸着石头过河。但是,在权利意识高涨且迅速工业化、城市化、国际化的当今时代,我们

---

① "Population of Great Britain and Ireland,1570—1931",载"Genealogical Research In England and Wales", http://homepage.ntlworld.com/hitch/gendocs/pop.html,08/01/2013.

② 《美国人口历史》,载《维基百科》2013年1月8日。

没有其他选择,而只能大胆、稳步地向前走,闯出一条中国式的民主道路来。

超大的人口规模仅仅是困难一个方面。作为一个文明国家,中国不仅有多个民族、多种宗教,多种文化,而且有着世界上历史最悠久的国家统一传统。可以说,政治统一是一种根深蒂固的全民共识,刻写在民族的基因里,是一个不以政治信仰、党派立场为转移的神圣信条(即便在台独杂音一度甚嚣尘上的台湾,国民党仍坚持一个中国的立场,民进党主流也不敢公然挑战这一立场)。这又使中国迥异于大多数欧美国家和日本、韩国等亚洲国家。政治统一对于这些国家来说固然也很重要,但它们大多是单民族国家,国家分裂的问题对于它们来说大体上并不存在。有着3亿人口的美国固然也是一个大国,但并不是一个多民族的大国,而是一个多族裔大国。众所周知,美国少数族裔并非以地域、宗教-文化划界,而是与主流民族混居,与之分享共同的现代价值观和现代文化,这与中国以地域、宗教-文化划界的少数民族大异其趣。我国有藏独势力和疆独势力存在,台湾地区也存在着分离倾向,在这么一个多民族、多宗教同时又有着根深蒂固统一意识的超大国家推进民主,在人类历史上是前所未有的。作为中国人,谁也不愿重复当年苏联的老路,一夜之间"民主化"了,却换来国家分裂、社会动荡、经济衰退、生活水平急剧下降,先前的超级大国骤然间沦落为一个二流国家。推进民主而又得保证一个超大国家不分裂,并无现成的样板可供模仿,难度之大可想而知。

但是当今中国并没有其他道路可走,只能稳扎稳打,大胆探索,逐步推进。中国人已是过河的卒子,只能进不能退,除了把民主实验进行到底,别无选择。

作为一个超大国家,中国崛起对世界的冲击越来越大,中国所承担的国际义务也将越来越多、越来越大。在这种背景下,推进中国式民主已不仅仅是我国的内部事务,而势必将产生巨大的全球效应。所以,不把推行非普选民主放到大国崛起的大背景下来考察,不把这个意义上的政治改革放在中国正在对世界产生强大冲击的大背景下来考察,就一定是片面的、缺乏高度的,也一定经不起时间的考验。

崛起的大国对于世界意味着什么?

2000年以来,世界发生了很多重大变化,然而从长远看,最重大的变化既不是9·11事件、阿富汗战争或伊拉克战争,也不是互联网泡沫或"非典",甚至也不是至今未完全结束的全球金融危机、经济危机,而是中国的崛起。这么说并非没有根据。十年来全世界媒体有关中国崛起的报导和评论,远多于9·11和其他重要事件。

但作为一个超大国家,中国的崛起究竟意味着什么?

意味着两百年来,西方主导的国际秩序将发生重大变化,世界权力格局将重新洗牌,经历一次重大的权力再分配。在此过程中,中国将逐渐恢复其历史上享有的那种崇高地位,一如在秦汉、唐宋和元明清时代那样(鸦片战争后的晚清中国另当别论)。如果中国在经济规模仅为世界第二时,便已产生了如此强大的冲击,十几年后中国经济规模达到世界第一时(据国际货币基金组织、世界银行、高盛公司预测,早则2020年,晚则2030年,中国经济规模将成为世界第一),2050或2060年代中国人均收入水平追平西方,甚至超越西方时,世界将是何等景象?世界将如何看待中国?中国又将如何面对世界?

目前,中国外汇储备约3.8万亿美元。据说只需要拿出其中很一小部分,购买一点欧元区国家的国债,便能帮助希腊、意大利、西班牙等国渡过债务难关。帮助了这些国家,便能稳定整个欧元区的金融秩序;稳定了欧元区金融,就等于帮助了美国乃至全世界的经济,包括中国经济在内。事实上,中国已然为稳定世界经济做出了重大贡献。金融危机爆发后,假如没有中国依然强劲的经济增长,假如没有中国紧急出台的4万亿刺激措施,西方各国的处境不说堪比七十年前的经济大萧条,至少日子比现在难过得多。

再比方说,美国财政早已是赤字累累,靠举债度日,甚至靠卖国债给外国人来维持。眼下,美国国债最大的外国买家是谁?是中国政府和企业。在某些西方人看来,由于中国人手中握有的美国国债实在是太多,美国已被中国控制;不说中国实际抛售美债,就是表示一下抛售的意思,金融敏感的美国也会吃不消。回想19世纪中叶埃及政府债台高筑,不得不向英国举债,最后不是将国家经济命脉苏伊士运河卖给了英国?三十年河东,三十年河西,不到一百年,日不落帝国自身也已沦为最大的债务国,却又不愿正视现实,对于埃及把运河收归国有,竟与法国和以色列联手出兵埃及,企图武力夺回运河。此时此刻,是谁出面把英国人请走,把局势摆平?是英国最大的债权国:美国。

中国经济正在对世界产生巨大冲击,是毋庸置疑的。尽管中国购买巨额美国国债反过来说明其经济前景不错,政府信誉良好,也说明中美经济互为依存,互补性极强,但无论如何,当今中国对世界经济已有强大的影响力,是客观事实。今后,这种影响力只会更大,而非更小。这种格局对于中国文明来说是有史以来第一次。秦汉唐宋元明清时中国固然是世界强国,甚至是超级大国,但为当时交通通讯手段所限,文明间互动有限,影响主要局限在东亚、东南亚和中亚。当今中国对世界的影响是全球性的,其深度广度史无前例。尽管目前这主要是经济影响,但经济影响力转化为政治、军事和文化影响力是迟早的事。

大国话语权取决于民主

在波谲云诡的国际政治中,对于经济总量很快将居世界首位的中国来说,争取主动,掌握话语制高点,已摆上议事日程。鸦片战争以来中国人浴血奋斗,历经磨难,以一代又一代人的聪明才智和辛勤劳动换来文明的复兴。这种复兴决不能局限在经济领域,也应体现在政治和文化上,换言之,中国必须恢复历史上曾有过的政治和文化感召力。如果在重新成为世界强国的过程中,中国不仅未能得到世界的尊重和敬佩,反而换来了恐惧、防范和打压,那么文明复兴有何意义?在执政党即便推进民主也决不可能失去执政地位,反而可能长期执政的情况下,中国尤其应大力推进民主,推进非普选民主,以免让敌对国家在国际上乃至我国后院组成一个"民主联盟",一个反华包围圈,置我国于被动、险恶的境地。

即使目前中国国际环境并非如此险恶,反华"民主联盟"仍只在酝酿中,从国家的长远利益考虑,也必须推进中国式民主,才可能在东亚乃至整个世界占有主动。中国与日本、韩国、朝鲜和各东南亚国家等是近邻,与这些国家处在同一个区域,同一个空间,处在同一个不可更改、不可取消、不可逃避的先天性空间格局里,分享着共同的地缘经济、地缘历史,甚至共同的地缘文化,也就是说,属于同一个"地缘文明"。[①] 在这个地缘文明中,中国和东亚国家之间自古以来便有着密切的历史文化联系,近代以来更有日益密切的经济和政治互动。目前,中国已成为它们最大的贸易伙伴。职是之故,无论历史上发生过什么不愉快的事,从国家利益最大化的角度来考量,也只能最大限度地利用毗邻关系中所蕴含

---

① 参阮炜《地缘文明》,上海:上海三联书店2006。

的积极因素,最大限度地克服历史遗留下来的消极因素,从经济、文化和政治各方面积极整合东亚各国,以期达到最大程度的互惠互利、优势互补,从而共同发展、共同繁荣。

可是,用什么手段来整合东亚呢? 除了单一的经济筹码外,是否还有其他牌可打? 事实证明,单靠经济手段是不可能交真正的朋友的。历史上的中华国家和中国文明对东亚、东南亚曾经有过无与伦比的感召力,以中国为中心的"东亚体系"长期维持着一种稳定的东亚国际秩序,当今中国有同样的感召力吗? 没有。不仅如此,东亚东南亚某些国家恐惧中国、防范中国,甚至蠢蠢欲动,企图以民主的名义联合外部势力打压中国。既然如此,就更应大力推进民主,推进中国式民主,以重建国家和文明的感召力。

很显然,中国不应再次陷入被敌视、被包围的险境。不仅如此,历史表现优异的中华文明本来就应有崇高的自我期许。不用说,国际政治博弈中存在着话语制高点,这在很大程度上就是民主。这个话语制高点,中国不去夺取,难道让有历史污点的西方永占上风不成? 难道让中华民族的和平主义基因永远障蔽不显? 强大的郑和舰队七次远渡重洋,可"中国人从不抢劫或屠杀,与葡萄牙人、荷兰人和侵略印度洋的其他欧洲人显然不同"。① 中国人与在中美洲南美洲大开

---

① 保罗·肯尼迪,《大国的兴衰》(蒋葆英等译),北京:中国经济出版社 1992,页 8。

杀戒、毁灭了阿兹台克文明和印加文明的西班牙人也有天渊之别。① 事实证明,明朝初期曾一度走向世界的中国人的表现,与稍晚一点地理扩张中的西方人的蛮横、残暴和贪婪相比,有着霄壤之别。中华文明的和平主义性格根深蒂固,刻写在民族基因里,而不推进民主,这种性格便无以彰显。仅以此故,也应大力推进中国式非普选民主。

事实上,不推进民主,不推进中国式非普选民主,中华民族的巨大经济力量就不可能转化成话语力量,中国文明的巨大潜力就不可能转化成现实硬实力和软实力,"崛起"就将打折扣,中国就将永远只是个二流国家。不推进民主,不推进非普选民主,中国在世界上不仅不能服众,反而可能给敌对势力以贬低和抹黑我们的口实,使自己陷入一种永远被动挨骂、永远站在被告席上的境地。不推进民主,不推进中国式非普选民主,不夺取道德的制高点,不发展自己的民主政治和民主理论,几个世纪以来殖民主义的野蛮行径就会因欧美式的民主话语而被合法化,打家劫舍的强盗行径就会堂而皇之成为正道,西方人的道德脏钱就会得到洗刷,近代以来国家和民族遭受的巨大耻辱就难以洗雪,国际交往中就没有是非可言,历史悠久的中华和平主义传统就会淹没无闻。这不仅是中华民族的悲哀,更是人类的不幸。对于一个历史悠

---

① 卡斯蒂略,《征服新西班牙信史》(全两册,林光、江禾译),北京:商务印书馆1997年,上册,页76—117;普雷斯科特,《秘鲁征服史》(周叶谦等译),北京:商务印书馆1996,页368—443。

久的大国来说,推进民主,推进非普选民主,最终就是为了掌握国际话语权。这是中国与西方尤其是美国战略博弈的需要,甚至就是这种博弈的关键。

正如中国工业化是人类历史上最大规模的工业化那样,执政党领导下的民主实验也将是人类历史上最大规模的民主化运动。推进非普选民主,将有助于防止列强环伺的危局再次出现,更有助于夺取话语权,占领道德制高点。非普选民主若能顺利推行,中国甚至可望获得一种基于这种民主的前所未有的善治。尽管眼下中国对世界的冲击仍主要在经济方面,但作为人口最多、发展潜力最大、发展速度最快的大国,作为世界上最大的债权国(应看到,现有国际秩序中这个最大债权国的权利与义务并非匹配,而要改变这种不公正状况,仍有很长的路要走),作为安理会"五常"之一,金砖五国之首,中国的一举一动都可能对世界产生巨大影响。随着经济规模进一步扩大,成为头号经济大国,中国的一举一动对世界产生的冲击将会更强而非更弱,非普选民主实验对世界的冲击也将会更强而非更弱。在这种情况下,全世界必将更加密切地关注中国的政治改革,也必将对之寄予前所未有的期待。

如果不出现重大意外,中国将在 2050 年左右实现现代化和中国样式的民主。届时,中国将成为人类历史上第一个以非掠夺、非霸权形式实现现代化的大国。以其固有的和平主义性格,现代化、民主化了的中国必将深刻改变人类文明的既有品质,使其变得更加公正、更加人道、更少霸权气。对于人类文明的健康成长、垂之久远,民主化、现代化了的中国以其蕴含在文明基因里的道义精神与温柔敦厚的品质,定将做出比先前更大的贡献。

附识　如何看待福山的思想转变？

同其他理论家相比,弗朗西斯·福山显然更善于抓眼球。冷战结束之际,一个"历史终结"的书名让他声名鹊起,而在 2011 年出版的《政治秩序的起源》、2014 年 9 月出版的《政治秩序和政治衰败》以及一系列相关文章中,他又反复宣传强政府、法治和民主问责,以之为自由民主政治秩序的三要素,从而再次成为媒体和学界的焦点。现如今,"历史的终结"似已不再是笑柄,之所以如此,三要素论无疑起到了重要的作用。其吸引力虽然仍很强,却已不再是噱头或者口号,而在一些重要方面有理有据,颇有说服力。

熟悉福山思路的人知道,主要是在中国崛起的大背景下,他对西方主流的自由民主观进行了深入反思,不再简单化地把西方意义上的自由民主当作绝对价值,转而强调强政府、法治和民主问责的重要性,以之作为自由民主政治秩序的三大要素,甚至在强调三者缺一不可的同时,把国家建设、国家能力或强政府摆在首位。对于中国历史上和现时代的政治实践,他能抛弃俗见,不再一味用"极权专制"的标签来将其打发掉。即使这并不等于否定西方民主的普世性,却仍然难能可贵,在欧美媒体舆论一边倒的情况下,更需要勇气。

与这种立场呼应的是,福山在《衰败的美利坚——政治制度失灵的根源》(《外交事务》2014年9/10号)一文以及《政治秩序和政治衰败:从工业革命到民主全球化》(2014年10月15日为推广其新书在约翰斯·霍普金斯大学所作的演讲①)中,对美国民主的种种弊端进行了深入剖析和淋漓尽致的抨击(下引福山语均出自此两篇文章)。

在他看来,当年建国之父为了防止暴政、有效保卫个人权利,建立了复杂的三权互制系统,即两院制国会、可审查国会立法的最高法院、受国会和最高法院制约的总统。随着时间推移,这种体制越来越僵化,弊端越来越严重,美国政治制度因而日渐腐朽。

美国国会问题尤其严重。国会把持着太多立法权,制订了太多繁琐复杂的规则。其下设有多个委员会,而委员会之下又设有太多功能重叠的机构(或"计划")。由于联邦政府各管理机构由不同的国会下属委员会监管,而每个委员会又

---

① 因手头没有演讲词原文,所引有关文字出自澎湃新闻特约记者方志操的现场报道:《民主是问题,还是解决方案?》(《共识网》2014年10月17日)。

不愿放权,结果是立法对行政造成太多掣肘。例如"按照近500项强制命令,五角大楼每年必须向国会报告各种事务,没完没了,费时费力"。凡此种种,"削弱了政府的自主性",使之"日渐臃肿、人浮于事","决策效率低下,成本高昂"。既然政府表现差劲,民众便不信任政府;民众越不信任政府,就越不愿意增税。于是"政府财政捉襟见肘,也就不可能运转良好,最终陷入恶性循环",于是福山发出了美国政治"无路可走"的哀叹。

与政府决策效率低下相应的是,金融部门政出多头,有"美联储、财政部、证监会、联邦保险储蓄公司、全美信贷管理署、美国商品期货交易委员会、联邦住房金融局"等多个管理机构。由于这些机构分属国会各下属委员会监管,而每个委员会又不愿放权,结果导致不必要因而无效力的监管。2008年金融危机的爆发,充分说明多头"监管"之无效力,或者说监而无管,而在金融危机后要加强监管,同样困难重重。

福山还认为,1980年代民主党尚能控制国会,然而进入1990年代以后,民主共和两党对总统职位和参众两院议席的争夺越来越势均力敌,"轮流坐庄"已成常态。两党竞争日趋白热化,竞选资金的传统管制被放开,"否决政治"大行其道,两党关系如"军备竞赛","礼让之风荡然无存"。两党在重大问题上既无法达成一致,立法势必严重受阻,于是2008年以来没有一份财政预算案一次性地顺利走完国会程序,2013年的预算案僵局更造成了联邦政府一度关门的丑剧。

不仅如此,两党在大部分州都巩固了各自的统治地位,通过重新划分选区而非尊重民意来确保本党候选人连任。如此这般,哪还谈得上民主的代表性?

既然两党关系势同水火,分权制衡又对行政造成太多掣肘,就越来越不能代表大多数人的利益,必然导致利益集团泛滥,代表资本利益的院外活动集团获得过度的话语权,造成这样的结果:"最吸引国会注意力的利益集团并不是美国人民利益的集中体现,而是那些组织能力最强、最有钱(两者往往是同义词)的团体"。如此这般,那些未能组织起来,缺乏资金,受教育程度不高的弱势群体怎么能不成为受害者?如此这般,哪里还谈得上民主的代表性?哪里还能说民主体现人民的意志,保护人民的利益?因此,福山欣然赞同这一判断:"美国民主的实际操作与'民治、民有、民享'毫无干系"。

尽管福山哀叹美国政治"无路可走",但他并不认为美国文明正在衰落。美国仍十分优秀。但其最优秀之处并不在于政府,而在于"有创业精神、积极主动、欣欣向荣的私人企业领域和公民社会",况且美国经济在新技术开发、能源等方面仍然领先世界。所以,问题出在美国政府和特有的民主样式。很明显,在强政府与法治化、问责制的结合方面,美国的三权互制逊于议会制国家。原因不是别的,正是过度分权。

恰成对照的是,在英国式议会制中,"法院不会如此频繁地干预政府;政府派遣机构也比较少;立法工作的连续性较高;受到利益集团的影响较小"。英国民主由于采用简单多数选举制,通常是执政党稳占议会多数票,或两党联合执政,这样就大大减少了政党恶斗的机会。结果是,"只有一个单一的、全能的立法机关——没有独立的总统职位、没有强大的上议院、没有成文宪法、没有危险审查、没有联邦主义和地方分权。"事实上,英国议会权力相当大,大到有"极权"的名声,不仅具有立法、监督政府和决定财政预算等权力,甚至有组织或解散政府的权力,而这一切对美国人来说都很难想象。在美国,国会、法院和总统三种权力中任何一种都可成为另一种的障碍,结果是成事不足,败事有余。

可是,议会权力如此之大,英国制度还是不是民主?当然是。福山认为英国式议会制虽然倾向于权力集中,从根本上讲却仍是民主制。因为最重要的民主问责形式——普选——发挥着关键的政治功能。政府也许表现不好,但主权在民,选民拥有把政府选下去的关键权力;不信任票如果超过一定比例,甚至首相任期未满,也会被赶下台。这说明,"英国政府更注重呈现在选民面前的整体表现,而非特定利益集团或游说公司的诉求。"

很清楚,福山对美国政治体制虽然极度失望,却并不等于对西方民主本身失望。他甚至不认为"存在着世界性的民主衰落或民主危机的问题"。美国民主固然问题重重,但毕竟还有英国、德国、荷兰、丹麦、瑞典、挪威等运作良好的民主国家。美国之所以运转不良,是因劣质民主或坏民主。英、德、瑞等国之所以运作良好,是因优质民主或好民主。

既然对三权互制式的美国民主和议会"集权"式的英国民主作了如此明确区分,且毫不含糊地抑美扬英,从逻辑上讲,福山的民主样式便不可能只是一种,而是多种;甚至除了欧美民主,还有其他民主样式。他对撒哈拉以南的非洲"民主"虽不那么待见,但对新兴国家的民主却并不悲观,即使认为其还远未达到英式民主的标准。

然而对于中国的政治体制,福山态度很复杂。他几近盲目地推崇他心目中的中国的"强政府",认为这是悠久帝国传统使然。法治呢?当然很弱。至于民主,或者说当代中国有没有民主,他三缄其口,不作判断,既不说无民主也不说有民主,哪怕是一种成长中的中国特色民主。在很大程度上,这可能是因为强政府、法治化和民主问责三者间存在深刻的关联性,或者说强政府以最起码的法治、最起码的民主为前提,三者毕竟缺一不可。

事实上,中国不乏民主问责要素,尽管不同于西方的样式。原因很简单:如果没有,中国决不可能取得如此巨大的经济成就。福山不承认这一点,这样就把一种可能的民主样式排除在外了。为什么不能表现出鲍泰利那样的勇气,公开表示中国"可能是有史以来第一个通过一党制实现民主的国家"?① 应当承认,较之"历史的终结"时代,福山现在的民主

---

① "《21世纪》记者对世界银行前驻华代表皮特·鲍泰利的采访:中国将证明一党制与民主并不冲突",《观察者网》2013年12月12日。

观成熟多了。他明确否弃了三权互制,不再以之为标杆,而"公平、透明、自由,具备竞争性的选举,确保国家机器能回应公众利益,而不局限于精英或领导人的私人诉求"语,更可视为一种实事求是、不乏包容性的界定,在不小的程度上可用来描述中国在民主化进程方面已然取得的成绩,至少可用来描述中国正为之奋斗的方向。可是,当他把英国议会民主树为榜样,把普选这种西方民主操作方式当作普世尺度时,其思想的局限性便暴露无遗了。这很可能把他的头脑锁闭起来,甚至可能与他对强政府的重视相矛盾。

福山没能看到,中国目前正进行的有史以来规模最大、力度最大的反腐运动,以及公共信息透明、党内问责、行政问责、制度性的舆情搜集等"基层民主"形式,同样是制约公权力的方式,同样可望保证国家机器服务于人民利益,公权力受到应有的约束。他更没有下功夫解释一个突出的现代现象:在"二战"前三百多年里,强政府和民主化根本上讲是一个硬币的两面(暂且不论法治的极端重要性),不是非此即彼、有你无我,而是互为因果,相辅相成的。从西欧来看,多个世纪以来市民经济地位的上升打破了封建社会的权力格局,17世纪"资产阶级革命"由此爆发。这本质上是一场民主革命,是经济力量大涨的中产阶级与王室贵族分享政治权力的革命,是其利益诉求的暴力表达。在英国,这就是克伦威尔领导的清教革命,最终确立了议会君主制,颁布了《权利法案》,以法律形式对王权进行了重大限制。清教革命拉开了近代民主化序幕,人类社会开始由君主制向现代民主制过渡。但历史表明,英国的民主化进程不仅没有削弱政府权力,反而不断强化政府权力,提升国家能力。

事实上,现代民主决非某一个国家的伟大发明,而是一种历史必然,有深刻的经济、社会和智识背景,故在英国、荷兰出现后很快播散到整个西欧、美洲乃至全世界。而当民主化进程如火如荼之时,欧美各国都通过集中政府权力而强化了国家权威。观察研究民主政制的托克维尔注意到,民主化进程中的英国政府权力如此之大,以至于"国家就像单独一人在行动,可以随意把广大群众鼓动起来,将其全部力量集结和投放到所想指向的任何地方";美国政府集权的水平也相当高,"高于欧洲以往任何一个君主国家。"[1]同样地,在法国大革命期间及之后,君主制时代即已形成的中央集权制不仅没有因革命而被削弱,反而得到了巩固和加强。托克维尔说,"当人民在其内部摧毁贵族政治时,他们自然而然地奔向中央集权制……民主革命扫荡了旧制度的众多体制,却巩固了中央集权制"。[2]

较之其他论家,福山固然对中国政治史有更多的了解,却没能注意到这一根本事实:在反抗侵略和实现现代化的巨

---

[1] 阿·德·托克维尔,《论美国的民主》(两卷本,董果良译),商务印书馆1996。

[2] 阿·德·托克维尔,《旧制度与大革命》(冯棠译),商务印书馆2012。

大压力下,清末以来中国的历史进程像欧洲那样,一直处在集权和赋权的二重变奏中(按:"集权"指集中政府权力以提升国家能力,"赋权"指给予民众更多政治权利以提升其主人翁地位),这一进程至今仍远未结束。福山未能意识到或未能充分承认的一个更重要的事实是,现代中国一直处在民主化进程中,民主一直在向前推进。尽管许多应当节制的公权力仍亟待节制,普通党员和公民参政水平仍亟待提高,但十一届三中全会以来,在确保政治秩序的前提下,人大、政协和党代表大会等民主形式之初具规模,各级权位终身制之根本废除,各级领导职位之和平更替,各级领导任职时间的制度性限制,中纪委等极有力的反腐措施,凡此种种都说明民主在推进,公权力在受到越来越有效的节制。

但认识到中国社会存在诸多民主要素,认识到存在着中国样式的民主,并不等于说民主在中国已达到令人满意的状态。如果能在一党长期执政的前提下大大加强法治,同时推行政治改革,把民主问责提升到一个全新的水平,中国的"强政府"必将更上一层楼。福山的一个重要论点是,强政治、法治化和民主问责三者相互关联,缺一不可。这就好像一只鼎的三足——若只有一足,或一足长,另两足短,鼎便不能稳立。"阿拉伯之春"前的突尼斯、埃及、利比亚等国政府不强势吗?太强势了,结果民主、法治被严重压制。"春天"之后是动乱和战争,至今仍无消停的迹象。

很明显,假如强政府、法治和民主问责三足长短不一,前者长,后两者短,就势必失去平衡。这正是中国的现状。我国政府一直很强势,因此取得了举世瞩目的经济成就,但也正因太过强势,法治和民主问责受到了不小程度的忽视。而没有程序和舆论方面的有效监督和问责,法治必然受到损害;法治不健全或不断受政治权力的干预,势必造成问责缺失或问责不够,最后必然是触目惊心的腐败。如果有关部门拥有太多太大的自由裁量权,却没受到应有的法治和民主问责制约,怎么可能不导致权力寻租泛滥,贪腐猖獗?如此这般,哪能有真正意义上的强政府?这就再好不过解释了为什么执政党当前正在以历史上绝无仅有的力度强力反贪,强力推行依法治党、治军、治国。偏短偏弱的法治之足正在得到补足和强化。执政党好样的!假如政治改革也能适时启动,偏短偏弱的民主之足也可望得到补足和强化。经过若干年的努力,三足失衡的问题就可望最终得到解决。

图书在版编目(CIP)数据

论大国民主/阮炜著.--上海:华东师范大学出
版社,2015.4
ISBN 978-7-5675-3214-4

Ⅰ.①论… Ⅱ.①阮… Ⅲ.①社会主义民主—建设—
研究—中国 Ⅳ.①D621

中国版本图书馆 CIP 数据核字(2015)第 053920 号

华东师范大学出版社六点分社
企划人 倪为国

本书著作权、版式和装帧设计受世界版权公约和中华人民共和国著作权法保护

论大国民主

著　　者　阮　炜
责任编辑　陈廷烨
封面设计　卢晓红
出版发行　华东师范大学出版社
社　　址　上海市中山北路 3663 号　邮编　200062
网　　址　www.ecnupress.com.cn
电　　话　021-60821666　行政传真　021-62572105
客服电话　021-62865537
门市(邮购)电话　021-62869887
地　　址　上海市中山北路 3663 号华东师范大学校内先锋路口
网　　店　http://hdsdcbs.tmall.com

印 刷 者　上海印刷(集团)有限公司
开　　本　850×1168　1/32
印　　张　5
字　　数　78 千字
版　　次　2015 年 4 月第 1 版
印　　次　2015 年 4 月第 1 次
书　　号　ISBN 978-7-5675-3214-4/D·186
定　　价　25.00 元

出版人　王　焰

(如发现本版图书有印订质量问题,请寄回本社客服中心调换或电话 021-62865537 联系)